平凡社新書
822

同時通訳はやめられない

袖川裕美
SODEKAWA HIROMI

HEIBONSHA

同時通訳はやめられない●目次

まえがき——同時通訳は職人＋アスリート

同時通訳を仕事にしているというと、不思議そうな顔をされる。世の中に多い職業ではないせいか、すぐにはピンとこない人も多い。それで、相手がそれ以上の関心を示してくれた場合には、テレビのニュースの同時通訳を例に、これこれしかじかと説明する。すると「へぇ」と驚かれ、時には「すごい」と言われることもある。そして、英語だったら何でも分かり、右から左に、左から右へと機械のごとく言葉を転換できると思われる。この反応は、英語になじみのある人もない人も、あまり変わらず、みんなそんなふうに思うらしい。

だが、当然のことながらというか、残念ながらというか、「すごく」ない。他の多くの仕事と同じように、四苦八苦しながら取り組むうちに、だんだんこなせるようになっていく地味な仕事である。だから、私は職人的仕事だと思っている。天性のセンスがいい人はいても、基本は研鑽《けんさん》と経験で技が磨かれる息の長い仕事である。

通訳はまた、舞台に出る俳優や演奏家、試合に出るアスリートのように本番のある仕事だ。本番は一回しかなく、相手は毎回違うので、自分だけではコントロールできない不確定要素がある。通訳はリハーサルもないので、自分がどこまでやれるか、事前に予想しきれない。そういうリスキーな仕事でもある。

また、アスリートと共通点を感じるのは、テレビのインタビューで、試合に負けたアスリートが登場する時だ。納得しない顔で、「課題が見つかりました」とか、「次に向けてもう一度頑張ります」などと言っているのを見ると、わが身を見る思いがする。私も、毎回、自分の不備を感じ、同じようなことを思うからだ。実際にはそれほど頑張れない時を挟みつつ、通訳は終わりのないマラソンのような、かなりマニアックな仕事かなと思う。

でも、でも、と強調したい。日本語以外の言葉で世界のいろいろな人とコミュニケーションし、その仲介ができることはとても楽しい。違った世界に直接触れる喜びがある。時には著名人にも会える。同時通訳中は集中する快感もある。勝手にスピーカーとハモることはウキウキ感があるのだ。だから、ぜいぜい言いながらも続けてきた。

本書は、あくまでも私個人の体験を基にしたものである。その格闘をリアルに伝えるとともに、通訳事情などもちょっと明かし、異なる言語を行き来することで垣間見える世界や思いを伝えたいと思う。「通訳は見た!」である。それではご案内します。

Let's get going!（では、参りましょう!）

Ⅰ　同時通訳うちあけ話

華やかに見えますか？

BBCの面接に感激

同時通訳者には、どこか華やかで、おしゃれなイメージがあるようだ。海外との関係や時代の動きと連動していることが関係しているようだが、もちろん「見る」と「する」とは大違い。この仕事は地味で、ひたすら研鑽を求められる。それでも、そういうおしゃれでちょっと特殊な仕事にどうやって就いたのかと聞かれることも多い。私は言葉が好きだった。でも、同時通訳者を目指して訓練を重ねたわけではなかった。自分がやる前は、同時通訳の世界は遠く、そもそも自分がなるとか、なれるとか思っていなかった。

イギリスのBBCワールド・ニュースが、1996年に日本向け放送を開始するに当たり、放送通訳を募集した。当時、私は大手の通訳・翻訳会社で翻訳をしていたが、大きな不満はなかったものの、行き詰まりを感じ、転機を求めていた。放送通訳者の名前が出るニュースがテレビで流れると、憧れた。95年の年末のある日、ふと手にした雑誌に放送通訳募集とある。勤務地はロンドンか東京。恐る恐る電話をすると、東京勤務の可能性もあるという。すでに留学経験のあった私はまた海外に出る気はなかった。締め切りはとっくに過ぎていたが、年明けの3次試験だけでもよいと言われ、迷う間もなく試験となった。

試験で初めて同時通訳をやった。無論、できない。そして、面接。これがすごかった。面接官は4人で、日本人1人にイギリス人3人。部屋に入ると、全員が立ち上がり、ひとりひとり簡単な自己紹介をして握手を求めてくる。次に司会者が面接の進め方と、各面接官がどういう角度から話を聞くか説明する。この時点で私は驚いていた。受験者を対等の大人として扱っている。こんなにスマートな面接は受けたことがあっただろうか。今はそんなことはないと思うが、私の学生時代には、「彼いるの？」なんてことを平気で聞く面接官が普通にいたものだ。

英語で1時間。質問も鋭く、何か答えると、必ず違う角度から問い直してくる。特に最後の質問は、「BBCは公共放送という性格上、政府の影響力があり、報道の自由の観点から批判されることがあるが、それについてどう思うか」というものだった。私は即答できず、「ちょっと考えさせてください（Let me think.）」と言って、ミニ長考に入った。が、そのわりに陳腐なことしか言えず、「影響力を排除することはほぼ不可能ではないか」と答える。納得しない面接官は、さらに「それはそうかもしれないが、その中で何ができると思うか」とたたみかけてくる。私は、「結局、真剣に影響力を排除したいと考えるスタッフがどのくらいいるかにかかっていると思う」と、やっとこさっとこ付け加えた。

だが、実はこの時の「ちょっと考えさせて」がよかったようなのだ。数年後、偶然に目にした講評メモの私の欄には、そこで好印象を受けたことが記されていたのだ。

結果、採用となる。だが東京勤務はないという。複雑な気持ちだった。すべてがあっと言う間に決まってしまった。面接官は実に素晴らしかった。これは「行け」ということなのではないか。断っては運命に逆らうような気がした。

ロンドンの4年間

最初の半年はきつかった。同時通訳はおろか、1本のニュースを訳すのだって容易ではない。当時の2か国語放送は、後に業界スタンダードともなる同時通訳ではなく、もっと手間暇かけた丁寧なやり方をしていた。インタビューや速報は同時対応だが、レポートは事前（直前）に聞けることもあった。ドキュメンタリーの翻訳には、別に作業日が設けられた。態勢も設備も整わない中、みんな必死だった。ロンドンなのに日本語の新聞を熟読し、放送が終わると、毎日、仲間とニュースを聞き直した。分からないところも、何人か寄れば誰かひとりくらいは聞き取れる。時間の密度が濃く、時がゆっくりとしか進まなかった。

ＢＢＣのアナウンス室長が発声を見てくれたこともあった。日本語はひとつも分からないのに、こちらが日本語の原稿を読むと、的確な指摘があった。２０１３年に亡くなったサッチャー元首相や、当時のメイジャー首相の話し方をまねて、どのように発声するとこうなるか説明してくれた。これをきっかけに、私は声にも興味を持つようになった。ＢＢＣも中に入れば素晴らしさ一色ではなかったが、ここでの経験が今日の仕事のすべての基礎になった。

ドラマの指南役も

それにしても、通訳は自分を殺してひたすら人の言うことを聞くのが仕事である。これはかなり苦しいことで、激しい疲労を伴う。同時通訳ブースでの苦行を思うと、おしゃれ心も薄れがちである。

しかし、華やかなイメージがあるらしいことを象徴するエピソードがある。２００９年にＴＢＳで『ラブシャッフル』というドラマが放送された。高級マンションに住む男女が、愛をめぐり自分探しをする話なのだが、美人女優の香里奈《かりな》が演じる主人公のひとりが同時通訳者だった。そして、その指南役を仰せつかったのが、私。テレビ番組の最後のクレジット欄に、よく方言指導〇〇と出てくるが、あれの同時通訳版である。

番組では、英語を話したり、CBSニュースの同時通訳をしたりする場面があるが、通訳者の言葉を重視する方針から、私が事前に訳を作り、香里奈ちゃん（親しげに呼ばせてもらう）の練習用に吹き込んだ。これを聞いて練習するのかと思うといささか緊張したが、香里奈ちゃんは段々とそれらしくなっていった。彼女は美しく、礼儀正しく、英語ができるようになりたいと話す可愛い人だった。

後にスキャンダラスな写真が流出して、今は芸能人としてのキャリアが危ういとさえ言われているが、私はこの時の彼女を思うと復活を祈りたい。

また、番組の共演者には松田翔太君（こちらも親しげに君づけで）もいて、近くで英語の打ち合わせをしていると、強い関心を持っているのが分かった。イギリスで勉強していたことを知り、納得がいった。あのかっこいい翔太君が、私にも自分から「おはようございます」と挨拶してくれるので、私は仲間内に大いに自慢した。

さらに、この番組にはNHKの朝ドラ『あさが来た』（2015―16年）で、お転婆ヒロインを支える夫役で大人気となった玉木宏も出演していた。難しいビリヤードのシーンでは、自身で何度もトライして決めていた姿が印象に残る。

現実の通訳は、常に膨大な資料と溜まる新聞に追いかけられ、翌日のために節制しなくてはならない。仕事が終わると、その日の自分の不備を思ってトボトボと帰路に就くことも多い。でも、この時ばかりはテレビで見る美男美女と仕事までしたのだ。自分も〝華やか〟の仲間入りをしたような気になった。

通訳の醍醐味のひとつに、普通では会えないような人に会えることがある。直接生の声を聞けることがある。著名人に会ったからといって、自分が偉くなるわけではない。が、そうした一つ一つが人生を豊かにしてくれるような気がして、今日もまた頑張ろって思うのである。

英語のワンポイント・レッスン

人生の転機となった“Let me think.”

letは「〜させる」という使役動詞ですが、何かを切り出すときに便利です。電話を切りたいときに、“Let me go.” 相手は“Oh, sorry, I'll let you go.” などと言います。これを「行かせてください」、「行かせます」などと訳すと変ですよね。

話を遮られたときに、“Let me continue.”（続けさせて）といえば、相手は割り込めなくなります。また、相手の意見を聞きたい時に、“Let me have your views on that.”（このことに対するお考えは？）などと言えると、“What do you think of it?”（どう思いますか）一辺倒より、表現に幅が出て“かっこよく”なります。

株価も色気かと思いつつ……

24時間経済ニュース

日経CNBCのスタジオは、大手町の日経本社ビルにある。隣は経団連（日本経済団体連合会）。いかにも日本経済の動向を伝えるにふさわしい立地である。ここで2008年から2016年2月まで、私は経済ニュースの同時通訳をしてきた。ある時、20階のCNBCスタジオに入るため、エレベーターに乗り込むと、同じ階まで一緒だった女性から話しかけられた。

「通訳の方ですか」

「はい」

と答えて、怪訝《けげん》な顔を向けると、

「番組のキャスターです。いつも通訳の人たちはすごいなと思って。エレベーターの中でまで新聞を読んでいる人なんて、あんまりいないので」

「あ、そうですか。日本語の語彙がないと訳ができないので。新聞は必須なものですから」

大きなマスクをかけているので、はっきりと顔を認識できなかったが、テレビで見たことがある人だった。いわば身内からの言葉だったが、嬉しかった。

日経CNBCは世界のマーケット情報を24時間リアルタイムで伝えるビジネス・経済専門チャンネルである。アメリカのCNBCをそのまま流す時間帯があり、その一部に同時通訳がつく。通訳業界もご多分にもれず、「失われた20年」を背景に、リーマンショック、東日本大震災と続いて、仕事の条件が厳しくなるなかで、2013年4月から同時通訳枠が拡大されると聞いた時は、こうしたニュースへの需要がいかに大きいかに驚いた。だが、それから今日までの間に、再び事態は変転する。2016年に入って、通訳付きの2か国語放送が中止となったのだ。理由は分からないが、予算も関係しているのか。経済番組だけに、経済の動きがいろいろな形で即影響するのかもしれない。

担当してきた番組では、キャスターとゲストが株の動きや様々な経済問題について意見を交わしていた。

アメリカ経済の回復が鮮明になったことから、2015年12月、FRB（米連邦準備制度理事会）のイエレン（Janet Yellen）議長が9年半ぶりに利上げを決定した。だが、その直後から、世界経済や金融市場が再び不安定化したため、FRBは追加利上げを見送っている。中国を始めとする新興国経済の減速、原油安、為替変動、イスラム過激派組織ISIS、ダーイシュ〔Daesh〕などの名称でも呼ばれる）によるテロの続発、ヨーロッパに押し寄せる難民(Islamic State 自称イスラム国。イラクとシリアを中心にテロ活動を行なう。など、さまざまなリスク要因がある。アベノミクスが打ち出された当初は日本への関心も高かったが、その効果については現在、黄信号が灯っている。

通訳者は、新聞やネットでその日の経済問題を中心としたニュースを追っておくが、番組に直結する資料はないので、本番は「素手」で向かうことになる。専門用語も多く、いろいろな地域のゲストによる、ジョーク混じりのテンポの速い議論は、〝がちゃがちゃ〟したおしゃべりにも似て、これを同通（同時通訳のこと）するのは至難の技だ。リーマンショック直後（2008年）に番組の通訳が始まったのだが、私は、当初は経済の知識も乏しく、ひたすら難しく、常に「降板」の二文字が頭にチラついた。しかも、番組の内容は、平たく言えばすべてカネの話である。常にどこの何が儲かるかを追っかけ、それに理屈をつけているように見えて、なかなかなじめなかった。

しかし、分かっても分からなくても経済新聞を読み、自分が担当しない日も番組を録画して見るようになった。そうこうするうちに、徐々に、人間の種々雑多な活動を取り込む経済が、世界情勢と連動しながら動いているのが分かってきた。さらに、超難の英語と格闘することで、他局のビジネス番組の通訳が楽に感じられるようになった。この利点は大きい。多少、余裕が出てきた頃には、番組に登場する外国人女性キャスターたちにも目が行くようになった。彼女たちは、全員、特注かと思うほどタイトなミニに身を包んでいる。長い髪を豊かにうねらせ、ピンヒールを履いた美しく長い脚を見せて、各国の株価ボードの前を行き来する。座っている時も、脚を組み、脚線美をアピールする。だが、発言は総じて辛口である。

あふれる「女度」はなかなかのものだが、逆に、もしこの女性たちが、あちこち覆った地味色の装束で出てきたら、株価も上がりそうに見えないし、景気も良くなりそうに見えないに違いない。株価も色気かと思いつつ、あらゆる面で激戦を勝ち抜いてきた女性たちには感嘆してしまうし、見ていてちょっと楽しい。

外国人投資家の言葉

そういえば、ある外国人投資家が、IR（investor relations 企業による、投資家向け広報活動）で、投資の面白さは人間心理の面白さだと言っていた。株は下がった時に買うものと分かっていても、どうしても上がらないと買えない。そういう中で、何を判断材料として冷静に分析するか。それが面白いのだという。そもそも、お金にまつわる話は人間くさい話なのだから、そこに色気が加わっても不思議はない。

だが、経済の重要性も、自分の仕事の大切さも承知の上で、現代の投資は、カネでもっと多くのカネを作る面が強いようで釈然としない思いも残る。世界の富裕層上位80人の資産総額が、貧困層35億人の資産総額に匹敵するという。そんなに巨額のカネがあるなら、もっと他の有益なことに回せないのかなどと思うのは、女性キャスターに地味な服を着ろというのが野暮なように、次元の異なる話を一緒にすることになるのだろうか。

そんなふうに思っていたら、数年前の香港・マカオ旅行で、思いがけず、こうした複雑な気持ちを体現する建物を目の当たりにした。フォーシーズンズ・ホテル（＋超豪華マンション）とカジノが併設されたマカオ・コタイ地区の新名所・巨大ショッピングモールである。ここを訪れたとき、私はハタと思い出した。リーマンショックから間もない2009年2月、フォーシーズンズ・ホテル椿山荘（東京）で、コタイ地区の超豪華ホテル型マンションの投資セミナーが開かれ、同時通訳の仕事をしたのだった。主催者は、放っておくとチャイナ・マネーが買い占めてしまうので、日本の富裕層にも、投資か老後の居住用に買ってもらいたいと言っていた。世界経済に激震が走る中でも、こうしたビジネスが成立する。金融危機で会議通訳が激減していた時だけに、この仕事はありがたかった。だが、モール内に作られた「ベニスの運河」や、天井に描かれた青い「天空」を見ると、いささか虚構が過ぎるようで、やはり巨額投資ゲームへの割り切れない思いが頭をもたげた。

キャスターと再び会う

最初の日経CNBCのキャスターの話に戻ると、その日は奇遇で、番組後の化粧室でも一緒になった。夜の番組の準備をしていると私の通訳が耳に入ってきたという。

「さきほど、G20で、プレゼントのウィンドブレーカーのところを訳されていましたよね」。

プーチン大統領がサンクトペテルブルグG20で、関係者にG20のロゴの入った赤いウィンドブレーカーをプレゼント。現地からの中継記者が、スタジオの外国人女性キャスターに「君にお土産があるよ、似合うと思うよ」などと言いながら、それを見せたのだった。日本人キャスターは、この場面でくすりと笑ったと言う。いつも、軽口の会話の訳にも悩まされている当方としては、「笑ってくれた」は最高のほめ言葉だった。

経済ニュースに触れるうちに、人間社会とは、さまざまな矛盾のつき合わせの中で生きるものであることを感じるようになった。経済がもっとよく分かり、通訳がもっとよくできれば、世の中がもっとよく見えるかもしれない。私にとってのキーワードは、「経済は人間くさい営み」である。その奥深さ、面白さに開眼したといい切れないうちに、2か国語放送が一時中止となってしまったが、あの女性キャスターの言葉を励みに番組の再開を祈ろう。

英語のワンポイント・レッスン

話題の経済用語

利上げ：increase (rise, hike) in interest rate(s)

利上げに転じる前は、量的緩和の縮小（tapering of the QE (quantitative easing), winding down the monetary easing）をどういうペースで行なうかが関心を呼びました。taper（先細になる）も、wind down（時計のぜんまいがほどける）も縮小を意味しますが、特にアメリカではtaperingがトレンディな表現でした。

マイナス金利：negative interest rate(s)

金利がマイナスになること。通常は預金・貸し金の利子あるいは利息である金利が、マイナスになることはありませんが、超低金利（ultra-low/super-low interest rate(s)）時には、短期金利が極めてまれに瞬間的にマイナスになることもあるそうです。日本でマイナス金利が導入されましたが、不安を一層かきたてられるようで、あまり人気がないようです。

中国経済：China's economy, Chinese economy

減速（slowing down）、持ち直し（picking up）、そして「中国経済の将来は軌道に乗っています（李克強首相の言葉）」（China's future economy is on track）。もちろん、ここではChinese futureとも言えますが、今のトレンドは国名＋'sという言い方です。

地政学的リスク：geopolitical risk

シリアの「地理的・政治的リスク」が心配です。「学」は意味的には要らないはずですが、geopoliticsを地政学と訳した名残からか、ちょっとカッコよく聞こえるからか、「学」が残っています。

「資料が命」の仕事です

租税条約交渉

今思っても、脂汗が出る。プレッシャーで心臓がパクパクする。2013年5月2日に、日本国とアラブ首長国連邦（UAE）との間で租税条約が署名された。これを聞いたとき、10年前（2006年11月13日）の第一回正式交渉の記憶が蘇ってきた。私は交渉の初日にUAE側の通訳として入り、〝最悪ぼろぼろ〟の通訳をしたのだった。

租税条約とは、企業や個人が、海外で得た所得に対し、住んでいる国と、所得を得た海外の現地国の双方で二重に課税されることを回避するため、国家間で結ぶ条約のことである。国際M&A（企業の合併買収）が活発になる中、企業は税負担の少ない拠点を探す。これに対し、各国政府は富を生みだす企業の誘致に知恵をしぼる。借金だらけの先進国の税収争奪戦は熾烈であり、税の優遇策で外資の誘致をはかってきた新興国も、いくら外資を呼び込んでも税収が増えないジレンマに直面する。

そのため、最近では多国籍企業の税逃れに対する圧力が強まっている。法人税率の低いアイルランドや税率が極端に低い租税回避地（タックスヘイブン）を使って節税してきたグーグルやアップル、アマゾン、スターバックスなどの多国籍企業も、ヨーロッパ各国政府の追加課税に応じた。規制強化に乗り出したアメリカでも、本社を低税率国に移転（インバージョン）させるM&Aが撤回に追い込まれるケースが出ている（例：製薬大手のファイザーとアイルランドのアラガン）。さらに、大問題となった「パナマ文書」の流出は、世界中の巨大企業や富裕層、政治家らの節税の実態を明らかにした。こうした層に切り込もうという流れが、少しは出てきたと考えていいのだろうか。

しかし、一方で、こういう状況の中で生じる企業への二重課税を回避し、企業を支援しようという租税条約の交渉も、これはこれで着実に進められている。2016年4月1日現在、日本は65の租税条約を締結。96か国・地域との間で適用されているという。

アラブの文化

エージェントを通じて、仕事の依頼が来たのは、会議の数日前だった。依頼主はUAE大使館で、本国の要人が外務省や財務省を訪問するので通訳を求めているが、詳しい話は分からないという。私は直前の依頼なので表敬訪問くらいだろうと思って、引き受けた。

ところが、正式受注後の確認メールには、二重課税廃止のための租税交渉とある。国家機密がからむので、個別資料は出ず、参考に外務省などのホームページのアドレスが記載されているだけだった。租税交渉だなんて、本気か。日本語で理解するのだって容易ではない。専門用語のコンセプトもそれに応じた英語も覚えなくてはならない。直接的な資料がなければ、日本とＵＡＥのこれまでの論点も主張の違いも分からないではないか。家でホームページを見ているだけなのに、心臓がパクパクと波打った。

後は、当日の朝の打ち合わせに望みをかけるしかない。だが、待ち合わせたホテルに行っても、部屋に目指す人たちはいなかった。午前8時なのでエージェントに電話をしてもつながらない。焦って探し回って、ようやく、サロンでお茶をしているところを見つけた。みんなのんびりしていて、私の焦りなど埒外で、中には「通訳なんてつくの？」と言う人までいる。"No problem."（問題ないよ）と言うのだ。これぞ、話に聞くアラブか……。私は、「そっちは問題ないかもしれないけど、こっちが問題なんです！」と心中絶叫したが、すでに時間を無駄にし過ぎていて、結局ろくな話も聞けないまま、出発となった。

午前中の式や概略的プレゼンテーションは、無事通過した。問題は午後の交渉である。日本政府側の通訳者は高名な方で、準備段階から関与しているらしく、内容を熟知していた。対する私は、素人同然。アラブの代表は、独特の巻き舌で、通訳がいることなどお構いなくしゃべる。憲法の条文を読み上げた時は、文字通り絶句した。一体、どこの誰が他国の憲法を聞いただけで訳せるというのか。脂汗が出てくる。日本側は「何も分かっていない通訳が来たみたいだな。しょうがないな」と思っているのが、表情から見て取れた。

あの数時間をどのようにしてやり過ごしたか、憶えていない。せめても、狼狽しきった態度を見せないようにするだけで精一杯だった。以前習っていたお茶（裏千家）の先生が、「お点前を間違えても、うろたえた姿を見せてはいけませんよ。主人のあわてた様子を見ると、客人も一緒に動揺しますからね」と言われたことを思い出していた。この至言がここで生きようとは。

そして、終わった。憔悴した私は、アラブの代表たちの顔を正視できなかった。が、帰り際、中のひとりが、なんと、数日間日本に滞在するのでご飯を食べに来ないかという。「ん……？」。丁重にお断りしたが、「それって……ナニ？」。その後も、しばしクレームに怯えたが、何事もなく、悪夢は消え去ったのだった。

だが、これには、もうひとつおまけが付く。それから1年後、同じ交渉の通訳依頼がまた来たのだ。ご指名だという。心底、驚愕し、思わず笑ってしまった。あの人たちは本当に通訳の出来は問題にしていないのだ。“No problem.”だったのだ。考えてみると、実際には、両国は相手の主張をすでに承知していて、あの場の交渉や通訳は形式的なものだったのかもしれない。きっとそうだ。それにしても何という展開だ。もしまた同じ仕事をしたら、理解も深まり、脂汗も半分くらい減るかもしれない。それこそ、失敗から学ぶ通訳者の鑑！　でも、私にはもう一度あれをやる勇気はなかった。仕事はお断りさせてもらった。最初から最後まで驚きの連続だったが、二重課税とアラブの文化に触れた得がたい経験だった。

また、ＵＡＥには所得税がないということも、この時知った。法人税も基本的には徴収されないのだという。教育も医療もタダ。石油があるというのは、そういうことなのかと思った。だが、現在、産油国は、２０１４年後半に始まった原油価格の下落で厳しい状況に置かれている。徴税ゼロの体制をどこまで維持できるのだろうか。今後は分からないが、この時は資源の豊かな国の現実を知ったのだった。

特定秘密保護法に対する不安

だが、振り返ってみて、自分の力不足を脇に置いて一言言わせてもらうと、そもそも資料があればあそこまで窮地に陥らなくて済んだ。通訳は、労なく何でも話せると思っている人が多いみたいだが、専門家同士の話を、専門家でもない者が仲介するという無理を恒常的にやるのが、私たちの仕事である。だから、資料は命なのだ。機密というが、仕事の性格上、結局は内情に触れるのに、それを事前に知らせないことに意味があるのだろうかとも思う。しかも、資料は、最終的には、通訳者のためではなく、通訳の出来・不出来に利害を左右されるクライアントのために必要なのである。

かくも重要な資料に関して、最近、通訳仲間でよく話題になることがある。特定秘密保護法のことだ。この法律と通訳とは全く関係ないと思われるかもしれないが、実は大いに関係する。通訳は機密に関わることが多い。その上に、こういう法律が施行されたのだから（２０１４年12月）、今後は何でもかんでも機密扱いになってしまうのではないか。さらには、何かが漏れた際、通訳にも疑いが生じたりしはしないか。そういうことが話題になる。これほど急いで法制化した理由の不明さや具体的な影響の不明さは、施行から時間がたっても明らかになるわけでもなく、不安である。

失敗談に特定秘密保護法とは、先行き明るくないが、事の重大さを常に意識しておきたいと思う。後はＵＡＥの仕事みたいに反転することを願うばかり。

英語のワンポイント・レッスン

No problem!

ノー・プロブレム（問題なし）は、もはや日本語でもなじみのある言葉ですね。主な用法は、①「何でもない、大丈夫」と安心させる、②「いいですよ」と言って相手の依頼を引き受ける、③感謝に対して「どういたしまして」と返す、です。簡単な言葉ですが、No problem for you.（あなたなら大丈夫）、No problem with me.（私のほうは構いません）のように最後にちょっと加えるだけで、ニュアンスが出て、言葉が生き生きとします。

なお、私が心中、絶叫したセリフは You may not have a problem, but I have a problem. でした。

二重課税：dual taxation
租税回避地：tax haven　天国（heaven）と混同しがちなので要注意です。
租税回避、税逃れ：tax avoidance
脱税：tax evasion
節税：tax saving, tax reduction
インバージョン：tax inversion　節税目的で本社を税率の低い国に移転すること。

「知的お得感」を求めて

お正月も単語帳作り

今や日本でもCS放送に加入していればBBCやCNNが視聴できるので、24時間、365日、世界のニュースを見られる。一部が2か国語放送になっているので、これに関わる通訳者も――24時間ではないが――365日仕事をしている。クリスマスや12月31日の深夜、1月1日の早朝のシフトは、いささか不人気だが、時間があればつい働いてしまう「フリーランスの性《さが》」で、こういう時も必ず誰かがシフトを埋める。

一方、会議通訳のほうは、年末年始に大きな会議が開かれることはめったにないので、比較的ゆっくりできる。が、ある年、珍しく、新年早々から会議の準備に追われた。東洋大学で2014年1月11日に「〈法〉の移転と変容」と題する一般公開の国際シンポジウムが開催されることになったのだ。題名からして、いかにも難しそうだ。事実、予定稿の中には1、2回読んだくらいでは理解できない難解な論文も含まれていた。そのため、正月もオチオチ休んでいられず、資料を読みこみ、単語帳を作っていった。だが、これは新年にふさわしい仕事とも言え、「今年も大変だが、怠らず勉強せよ」と伝える〝福音〟かもしれなかった。

テーマは、日本を含む多くの非西洋社会が、近代国家を形成する過程で西洋法を継受していくが（法の移転）、固有の道徳や慣習などの伝統的な法がなくなるわけではなく、結果的に、法は独自の（変容）をとげるというものだ。シンポジウムでは、異なる法がぶつかり、融合していく際のメカニズム論や、日本、インド、マレーシア、ブラジル、セルビアにおける法の継受と変容の具体的事例が発表された。以下、感想を交えて簡単にまとめてみる。

日本の明治期の民法起草過程では、日本民法の父と称される梅謙次郎（蛇足ながら、私の母校である東京外語大のフランス語科卒ということで、いっそう敬意が深まる）らの努力で、諸外国の仔細な研究を基に日本の民法が制定された。フランス人ボアソナード（Gustave Boissonade）の起草した民法は、日本の国内事情に配慮するとしていたが、結局、日本の文化・慣習から乖離しているとの反論を受け、施行されなかった。

また、rights の訳語をめぐり、福沢諭吉が「通義」「権義」「権理」という訳語を提示して、物事の正当性や道理を示そうとしたが、結果的には、西周《にしあまね》の「権利」が定着する。

すると、今度は「権利」という日本語がひとり歩きを始め、元の rights から意味的ねじれが生じていったという。変容は単語レベルでも起きるのである。

確かに「権利」の「利」が、自己の利益を主張する「権利意識」につながっていったとの指摘は説得力があるが、全般的な訳語創出における西周の貢献の偉大さは、それを補ってあまりある。「哲学」、「技術」、「芸術」、「科学」、「抽象（的）」といった言葉を生み出し、その概念を日本語に移し伝えた。こういう言葉がなければ、日本人は新しい文物について考えることもできなかっただろう。明治期の先人たちの天才的頭脳はどうなっているのか、後世の凡人にはうかがい知れず、何とももどかしい。

さてまた、インドについては、イギリスの植民地だったので、イギリスの法体系＝判例法主義を受け継いでいるという。その一方で、伝統的な文化や慣習を近代法に落とし込む工夫もなされ、地方自治体や村法廷などが復活された。だが、昔ながらの名称を使っても、村法廷などは内実が全く異なっているという。

たまたま、ある時、BBCの『ハードトーク』というインタビュー番組（私が通訳を担当）に、イギリスの公訴局（＝検察庁）の前局長が出ていて、面白いことを言っていた。予算削減の嵐の中では、検察も経費削減は避けられない。「窃盗や麻薬などの微罪の裁判が、毎日全国各地で開かれていますが、開く必要がないものもあります。罪状認否などは郵便でもできますから」。もはや、その程度のことで毎日裁判なんかやってられないというのだ。つまり、植民地にされた側は、旧宗主国の〝進んだ〟法制度を取り入れたのに、本家は本家で問題が山積し、今や改革せざるを得なくなっているのである。

また、ブラジルの法律も、ポルトガルの植民地だった影響があるが、民法はなんと1916年に制定されたドイツ法の影響が色濃いものを、現在も使っているという。

セルビアはヨーロッパにおける「西の東、東の西」に位置したことで、歴史・文化・宗教が単一ではなく、複数多層的に混在する。法律もローマ・ビザンチンとオーストリアの影響を受けていて、今後、EU加盟を果たすとまた別の要素が加わると見られる。大セルビア主義を掲げ、90年代には民族浄化までやった国が、法に関しては国粋主義ではないらしい。

さらに、なじみの薄いイスラム法だが、しっかりとした法体系があるわけではなく、運用のためには制度化が必要で、マレーシアでは、時の政権や野党が、言葉は悪いがイスラムを政治利用しつつ、整備していったという。これを研究者は、複婚（一夫多妻）制度への解釈や規定の変遷を中心に発表していた。「4人の妻」制度は、こちらが思うほど固定的ではないということだ。

こうした議論を通じて私が学んだことは、何も、日本だけが、古くは中国から、近現代は欧米から影響を受けて、法律を制定したのではないということだ。特に現行の憲法については、常に「押しつけ」論がつきまとい、世界が範とすべき、人類の理想を掲げた憲法9条でさえ、借り物だなどという居心地の悪い議論にさらされる。だが、日本発かどうかなど大した問題ではない。どこの国も、法が移入されても、その後、政治利用や文化的・経済的理由で変わるし、手本とされた国の法律だって、状況によって変革を迫られる。ましてや、グローバル化の時代である。相互の影響はあらゆる方向で進んでいる。どこで生まれようと、優れたものは優れたものなのだ。国の伝統や固有性を重視することと、法の出自は対立するものではない。これが今回の学びの最大の収穫だった。

また、質疑応答や議論が意外なほど活発に行なわれたことも、研究者の熱意とともに、同時通訳が機能していることの証でもあるので、通訳者としてはほっとした。

学術会議の面白さ

学術会議と聞くと、自分たちと無縁のお堅いことをやっていると思いがちだが、個人的には「勉強になった」と思えることが多く、好きな分野の仕事である。東洋大学では2012年9月にも、「グローバルな現実に向き合う哲学」と題する国際シンポジウムが開かれ、日英仏のリレー同時通訳で進められた。「グローバルな世界」がさまざまな困難に直面する中、我々はエゴイズムを超えて現実を動かす哲学（＝理ある思考）を持っていないのではないかとの問題提起があった。学習意欲の旺盛な、団塊の世代の退職者らしい人たちが大勢聞きに来ていた。その他、立教大学、早稲田大学、慶応大学などでも、いろいろなシンポジウムの通訳をやらせてもらってきた。紹介しきれないのが残念である。ただ、毎回、下調べが大変なことは間違いない。

今回も打ち合わせで、ある先生の英語の論文について質問したところ、「そんなに詳しく読んでくれて……」と驚いた顔をされた。私だって、仕事でなければ絶対にここまでやらない。そこまでするのは、本番で立ち往生する恐怖を知っているからである。最近も、通訳仲間と、やればやるほど怖くなるということで一致した。

だが、大変さも程度モノではあるものの、プレッシャーより、新しい世界をこじあけ、知らなかったことを知る面白さのほうが、やや勝るのだ。それを仕事でやれる「お得感」がある。ちょっとマゾ的だが、これからもこの「お得感」を求めていこうと思う。

英語のワンポイント・レッスン

日本の“単一性”とセルビアの複数性

日本の特徴として、しばしば、単一民族（これには、アイヌ民族などもあるので反論はありますが）、単一言語ということが言われますが、これを、homogeneous（同質な、均質な）、homogeneity（同質、均質）という言葉で表現するとよく伝わります。これに対して、アメリカやセルビアなどの特徴は、heterogeneous（異質な、異種混交的な）、heterogeneity（異質、異種混交）、pluralism（複数性）といった言葉で形容されます。一見、難しそうな単語ですが、homo-（同一の）（homosexual 同性愛）と hetero-（異種の、異なる）（heterosexual 異性愛）を覚えると、他の単語も類推しやすくなります。

西周による訳語から

哲学：philosophy
技術：technology
芸術：art
科学：science
抽象(的)：abstract

同時通訳は〝人間離れ〟している？

「ここはどこ？　私は誰？」

外国語を聞きながら訳すという同時通訳は、〝人間離れ〟した印象を与えるようで、どうしてできるのかと聞かれることがある。私は、とりあえず、右手と左手が同時に違う動きをするピアノを弾くようなものではないかと答えている。他の技術と同じように、訓練と実践でできるようになる。スピーカーの言うことがよく分かり、言葉がどんどんと出てくる時は気持ちがいい。だが、集中力を要するので、近くで鉛筆一本落ちても一瞬そちらに気が逸れてしまい、「ここはどこ？　私は誰？」状態に陥る。直前まで聞いていたことも、自分の言ったことも忘れてしまう。瞬間健忘症《けんぼうしょう》みたいになるのだ。同通は聞きながら、しゃべっているので、もうそれだけで頭はパンパンで雑念の余地はない。

だが不思議なことに、自分を抹殺しているかのような状態なのに、自我というのか何と呼んでいいか分からないが、こうした状況を見ている自分はいる。「あれ、さっき言ったことと今言っていることは違うんじゃない？　あの単語、何だったっけ……。論旨不明。この人の発音、よく分かんない。あ、そうか、そういうことか。なんかうまく進んでる感じ」などなど。だが、たとえスピーカーの話がどんなにシンプルでも、〝適当に〟聞き流したり、〝適当に〟しゃべったりはできない。仕事が終わったら何をしようかなんてことを具体的に考えたりもできない。

だが一方で、通訳者には猛者《もさ》もいて、同通しながら不明な単語を辞書で引くのに長《た》けた人なんていうのもいる。私はネットで簡単な日本語検索くらいはやるが、複雑なスペルを想定して引いたりはできない。

それで思い出すのは、CNNに入っていた時のことだ。ニュースの時間帯だったが、比較的長い（6〜7分）特集の素材が入ってきた。内容はpsychopath（精神病質者）について。放送通訳者は、一般に画面を食い入るように見つめている。画面下のテロップは、ゲストの名前や、事件の概要、発言のポイントなどが表示される重要な情報源であるし、映像や記者の表情なども見逃せない。画面を見つめ、藁をも掴もうというのである。

その日はテロップにpsychopathという単語が出て来た。何だっけ？　psychoというのは、心理か何か？（心理学はpsychology）pathは？　pass（通す、通路）じゃないし。patho-って、えっと……。

でも、他の分かる部分を訳しながらなので、真剣に試行錯誤することもできない。何か閃《ひらめ》かないかと思うけど閃かない。そもそも全然知らない単語かもしれない。そのため、ピントの定まらない隔靴掻痒《かっかそうよう》の訳を続けた。素材も意外に長い。このキーワードをびしっと決められずにこれ以上進むのは難しいところまで来た。

するといったん消えたpsychopathがまたテロップに現れた。この瞬間、意を決して電子辞書を引いた。口のほうは、なんとか話の流れを違わないようにしつつ、でも、もにゃもにゃと言葉を並べて、時間稼ぎをしながらだった。「精神病質者、変質者」の訳語を見つけた途端、これまでの謎が一気に氷解。そういうことだったのか。後はさーっと訳せた。

同時通訳というけれど、厳密に集中してできるのは一度にひとつなのかもしれない。この時も、実際は耳も口もかなりおろそかで、私のエネルギーの大半は辞書引きに当てられた。ただ、それが素早く、激しく行き来できると、複数のことが「同時」にできるということになるのかもしれない。そういう意味ではピアノを弾くのとも少々違うのか。あるいは注意力は分散できて、集中力の8割の使用といった使い方も可能なのかもしれない。このあたり脳科学の解明に期待したい。

改めて、ここで同時通訳とは何をしているのか整理すると、2つの異なる言語体系の間を瞬時に結びつけることをしている。Aという起点言語の中にいて、Bという目的言語の中をのぞいて、今聞こえたA語にふさわしい言葉をB語から拾ってきて発話する。これを「聞く」と「話す」を併行して行なうのであるが、ある程度内容が分かってからでないと訳を始められないので、時差通訳の差を限りなく縮小していく作業のようにも思える。言葉は解釈によってしか、他の言語には転換できない（だから、「通訳者」を意味する英語は、interpreter 解釈者である）。数秒であっても理解のために考える時間が必要であるし、同じことを言うにしても表現はいくつもある。言語によって表現に必要な長さ（通訳の世界では「尺」という）も違う。そのため、同時とはいっても、発話は数秒遅れて追いかける形を取る。

ちょっと脇に逸れるが、アジアの主要国が集まる技能検定に関する会議で、インドネシア語の通訳者が最初に他の通訳者に対して、「インドネシア語は尺が長くかかるので、皆さんが訳し終えた後もずっとしゃべっていますが、それが特徴なのでご承知ください」と言ったことがあった。この時は複数言語が入る逐次通訳（スピーカーが話を区切り、それを順次訳していく方式）だったが、確かに、他の言語（私の担当した英語を始め、中国語、タイ語、ベトナム語など）の通訳が訳し終わっても、インドネシア語だけがいつまでも聞こえていた。これが同通になったら、さぞや大変だろう。想像に難くない。

こうした事情があって、同通は、実際には元の起点言語の7割くらいしか転換できない。

しかし、論旨を伝えるという点では、このくらいで十分である。9割くらい訳出するような通訳者もいて、本当に見事だが、早口になりすぎて何を言っているのか、よく分からなくなることもある。実際、どのくらいの訳出量が最適かについては、通訳者の間でも意見が分かれる。いずれにしても、こういう作業が自動翻訳機のようにできるということは断じてない。また、通訳は無色透明だと思われているし、そうであるべきだとされているが、人が介する限り、完全な無色透明はありえない。

同時通訳の予測

もうひとつ、同通に関してよく聞かれることがある。それはスピーカーが次に何を言うか予測するのかということである。これには、何人もの通訳者が答えていて、多くが「予測する」と言っている。私は……というと、あまりしないと答えたい。

個々の通訳者によって、先を読む程度は違うかもしれないが、人は思わぬことを言うからだ。私も「予測する」が、それはスピーカーについて下調べをし、その人の主義主張をある程度知っている場合である。文の構造上の予測ではない。政治家の例をあげると分かりやすいが、たとえば左派の政治家は右派的なことは言わない。アメリカの大統領選で民主社会主義を標榜する民主党候補のバーニー・サンダース（Bernie Sanders）氏が、大企業寄りの政策に賛成するようなことを言わないのは明らかだろう。そういう意味で予測可能なことはある。また論理が明快で方向性がくっきりしていたり、同じことを繰り返し強調していたりする場合も予測できる。

ところが、人は論旨をひねったりする。結論は同じでも、途中で普段は反対している側の論を表面的に一度は賛成してみせるといった技も使う。

同通中、怖いのは、聞こえた内容がスピーカーの普段の主張と違うように聞こえた時だ。自分の耳が悪いのか、スピーカーが他の方向に話を展開するつもりなのか、はたまた主張を変えたのか。その瞬間には判断しきれない時がある。その時々で聞こえたと信じることを訳すか（これが王道であるが）、とりあえずは無難な言葉で流して、次にはっきりする時を待つか、瞬時に決めなくてはならない。だから、単純な「予測」はできないし、禁物だと考えている。

会議通訳はストップウォッチが必需品

会議が半日（3時間から4時間）の場合は通訳者が2人、1日（休憩含む8時間まで）の場合は3人で組まれることが多い。会場に同時通訳ブースが既存で備えられていない場合は、小さな小屋のような簡易ブースが設置される。

通訳者が3人態勢の場合でも、ブース内に入るのは2人である。2人入るのは交替をスムーズに行ない、担当通訳者に緊急事態が発生しても業務に支障がないようにするため(激しい咳き込みや倒れるなんてこともありうる)、また、互いにヘルプをするためである。同通を交替でやるのは、ひとりの集中力には限界があるからで、内容によるが以前は15分から20分くらいで交替していたが、最近は10分から15分くらいで替わることが多い。そのためストップウォッチは必需品である。また、何をヘルプするかというと、たとえば、スピーカーが数字を使った場合、一般に隣のパートナー通訳がメモを取ることになっている。同通はスピーカーの話を数秒遅れで追っかけていくので、それ自体に意味のない、数字の羅列は覚えられない。日本語と単位が異なるところも厄介である。その他、担当者が困っていそうな単語も、パートナーが分かっていたり、即座に調べたりして、適宜メモを渡す。しかし、このメモ取り自体、容易ではなく、相手が必要とする情報を的確なタイミングで出せるようになるには、相当の修練がいる。

私も、これまで的確なメモを回してもらって助かったことが何度もある。強く印象に残っているのは、1999年、不倫騒動を起こしたアメリカのビル・クリントン(Bill Clinton)大統領による連邦大陪審での宣誓証言をテレビ局で同通収録した時だった。ベテラン通訳者2人と駆け出しの私の組み合わせだった。思えば、私がこれを引き受けたこと自体、己を知らなかったからとしか言いようがないが、この2人は素晴らしい通訳をされただけでなく、メモ出しでも私を感服させた。最初は、もともと知り合いらしい2人は、私の担当中に隣で（テレビ局のブースには3人以上入れる所があり、この日は3人が並んだ）通訳とは関係のないことを筆談し合っている。私は集中しきれず、やりにくく思っていた。ところが、それでいながら、なぜか私が困りそうになると、さっとこちらを向いて、まさにこれぞ知りたかったということを、大きく一言書いてくれるのである。余分な情報はなく、必要なところだけが、読みやすい大きな字で書かれていた。これはすごいと思った。私は今もって、こんな最適なメモを絶妙なタイミングで出してあげられたことはないと思う。

一方、放送通訳ではパートナーとの連携はなく、単独で通訳するのが一般的なので、放送からこの世界に入った私は、横でパートナー通訳が細かくメモを取っていると気が散ってしまうほうである。それが大御所のベテラン通訳だったりすると、こちらの通訳の出来をチェックされているようで落ち着かない。だから、人にもよろうが、私がパートナー側に立つ時は、ヘルプは最小限にして、なるべく相手の通訳には注意を払わないか、払わないフリをしている。小さなブースの中はもともと緊張しているので、ちょっとしたことが仕事を左右するからだ。

通訳者の間では、初心者通訳の不出来に業を煮やしたベテラン通訳が横からマイクを取ったとか、やっている最中に頭が真っ白になってしまった通訳が、隣の通訳にマイクを押しつけた、などという逸話がぞろぞろと伝わる。どちらの側にいても、あな、恐ろしや！

以前、ある建築関係の会議（逐次方式）で、あがりにあがってしまった通訳者と組んだことがあり、主催者から、私にそちらの分も少し引き受けてくれないかと依頼された（あくまで、その人より私のほうが幾分経験があるというに過ぎない）。だが結局、ほんの少ししか助っ人に入れなかった。それをすると、本来の自分の担当で集中力が続かず、コケる可能性が高いからだ。余力がないのである。通訳は一匹狼的で人助けはしきれず、初心者であろうがベテランであろうが、基本は担当したところを黙々とこなすしかない。

また、テレビのテロップのところでも触れたが、会議通訳でも視覚情報は重要である。ブースからスピーカーの様子を確認したり、パワーポイントの画面の統計を読み取ったりする。そのため、双眼鏡を持ってくる通訳者もいる。

通訳側の事情

同時通訳は、聞きながら話すので、耳はスピーカーの話と自分の訳の両方を聞いている必要がある。だから、自分の声や訳を聞くため、ヘッドフォンの片側を少し開けている人が多い。私もそうしている。そうでないと、自分で何を言っていたのか、何を主語として話し始めたのか、忘れてしまうからだ。だが、だからといって、スピーカーの声が片側から入ってくれば十分かというと、そうではない。現場に行ったら、音声が片側からしか入ってこない受信機だったということがあるが、モチベーションがぐっと下がる。片耳では正確な音が捕えられない。自分の声を聞くために空けている片耳はチェックのためなので、意識の大半はスピーカーの話に向けられているからだ。

しかし、このことが、同時通訳の話し方の問題にもつながるかと思う。まず、自分の声や訳にだけ神経を使えないという現実がある。次に、入ってくる音に負けないように話そうとして、攻撃的な強い口調になりがちである。この後に何が出てくるのか分からないので、どうしても探るようなイントネーションになる。これが同通特有の話し方を生む。話すスピードもスピーカー次第ではあるが、論旨が見えた段階で追いつかなくてはならないので、ここで一気に加速する。早口になったり、ゆっくりになったり……。これが聞きにくさにつながることは分かっているが、背景にはやむを得ない事情があるのである。

それでも、最近は通訳者のレベルがぐっと上がり、話し方も格段に滑らかな人が増えた。特に放送通訳では、視聴者がプロのアナウンサーの語りに慣れているので、アナウンサー的な発話を求められるようになっている。ハードルは上がる一方である。

リレー通訳は伝言ゲーム

リレー通訳というのを聞いたことがあるだろうか。国連総会や伊勢志摩サミット（主要国首脳会議）のような3か国語以上が使われる多国間会議でしばしば使われる通訳方式である。スピーカーの発言を、起点言語→中継言語（ピボット）→目標言語へと訳していく。多くが同時通訳対応だが、時には逐次でも行なわれる。

起点言語が珍しいところでは、ウクライナ語というのがあった。BBCが、ロシアに逃れたウクライナのヤヌコビッチ大統領の記者会見を中継したとき（2014年2月）、私が通訳に入っていた。

背景を簡単に説明すると、ヤヌコビッチ大統領が、EUとの連合協定の締結を見送って、ロシアに支援を求めたことで、首都キエフでは抗議デモが発生。治安当局との衝突で多数の死傷者が出た。ヤヌコビッチ氏がロシアに逃れると、ウクライナには親欧米の暫定政権が樹立される。だがロシアが黙っていない。ロシア系住民が多く、戦略的にも絶対に手離せないクリミア半島に派兵し、併合。これに続いてウクライナ東部でも親欧米派と親ロ派の戦闘が発生して、今も不安定な状況が続く。この異変のほんの少し前には、ウクライナのすぐ近くのソチで、世界中がソチ・オリンピックに熱狂したばかりだった。世界情勢は、常に素晴らしいことも不気味なことも同時進行で起きている。

さて、ヤヌコビッチ氏の通訳をすることになったのだが、私はといえば、世界のニュースに関わっているとはいえ、ウクライナの歴史や背景に関する知識も乏しく、地名や人名もなじみが薄い。大急ぎでネットで検索しながら追う。ウクライナ語→英語→日本語のリレー通訳となるが、恥ずかしながらこれまで「ウクライナ語」が存在することさえ知らなかった。

英語→日本語通訳は15分交替2人で対応したが、その時のウクライナ語→英語通訳は1人で1時間以上カバーしていた。言葉数はやや少ないが、分かりやすい通訳だった。だが、リレー通訳は、その性格上、不明な訳になることがままある。入ってくる英語訳が不明であれば、それを基にした日本語訳も不明にならざるを得ない。結果は「不明の2乗」に。もちろん、その逆もある。お互い、下手なのは「私のせいじゃないからね」とこっそり呟く時もある。

リレー通訳は伝言ゲームに似ている。子供の頃の伝言ゲームは、最初と最後の大違いに笑ったが、仕事としての〝伝言ゲーム〟は笑い話では済まされない。なんとか、内容の大違いは免れるにしても、発言量のスリム化は避けられない。精度を保つのが困難なため、現場では小さなエピソードに事欠かない。

ＢＢＣの例をもうひとつ挙げる。アラブの春（２０１１年）後のエジプトでは、革命でムバラク政権が倒れたものの、後に軍事政権が復活。革命を起こした側を裁く裁判が行なわれた。裁判の中継は、アラビア語→英語→日本語に通訳される。アラビア語の通訳者は、いつも同じ男性が担当しているようで、たった１人で延々とやる。だが、当然疲れてくる。そこで、明らかに訳さないですっ飛ばしていることもあれば、咳払いや溜息が聞こえてくることもある。厳しい裁判でも、お国柄か文化からか、向こうの通訳者が気張っていないのが分かると、こちらも気が楽になる。

会議通訳の例では、先に触れた東洋大学の国際シンポジウムが、日本語、英語、フランス語によるリレー形式の同時通訳だった。途中、フランス語の通訳者が、「あ、分からなくなってきちゃった」と言った時は、通訳者全員に緊張が走った。マイクをオンにしたまま、苦しい胸中を漏らしてしまったのだ。フランス人哲学者の大変難しい発表の時で無理もないのだが、訳が苦しそうで、それに連れてこちらも辛くなっていた。だが、いつ何時、自分も相手を苦しめる立場になるか分からない。

そういえば、数年前に行なわれた、女性のための健康セミナー（日本語、英語、中国語、韓国語のリレー同時通訳）で、休憩中に、韓国語の通訳者が誰に言うでもなく、「主語を訳して欲しいんですよね」と言ったことを思い出す。あまりにもお互い様なので、みな顔を見合わせ、ひと呼吸あって大笑いとなった。

一方、スピーカーよりうまいと言われる通訳者とリレー通訳をした時は、自分の不出来が白日の下にさらされるようで身構えた。２００２年の東京国際映画祭と、北朝鮮による拉致被害者・曽我ひとみさんの夫ジェンキンス（Charles Jenkins）氏の報道で、組んだ韓国語の通訳者は達人だった。自然で完璧な日本語訳が聞こえてくる。だから、リレーに支障が生じれば、私のせいだ。その方は「時々スピーカーよりうまいと言われるけど、やりすぎってことだから、褒め言葉とは言えないのよね」などと畏れ入るような高次元のコメントをしていた。

こうして、現場は常にシビアで、おおわらわである。リレーも含めて、同時通訳は制約が多く、聞きにくいこともあろうかと思う。それでも、即時性や臨場感、効率の点で、同時でやる意味はあると思っている。後はこちらの精進にかかっている。

今や世界の遠いところで起きたことも、すぐに日本に波及するようになった。情報は、時にはリレー通訳を経て一般家庭にも提供される。ウクライナ情勢では、日本はアメリカとロシアの板挟みになるが、大局的には、どこの国のどんな問題でも他国との利害が複雑に絡むことが、実は戦争の最大の抑止になるのではないかと考える。しかも、それを世界中の人が見ていることが重要なのである。

英語のワンポイント・レッスン

同時通訳の裏側で

psychopath：精神病質者、精神病患者、変わり者、精神的・情緒的に不安定な人。psycho- は霊魂、精神、心理学、心理的……。patho- は、苦痛、病変、感情。pathos は悲しみ、悲哀。日本語でもペーソスとそのまま使われますね。

さらに、pathology は病理学、病状、病変、異変となり、形容詞の pathological は、病気の、病的なとなります。アメリカ大統領選の指名獲得争いでは、民主党のバーニー・サンダース候補と共和党のテッド・クルーズ（Ted Cruz）候補がともに、共和党のドナルド・トランプ（Donald Trump）候補を pathological liar（病的なうそつき）と呼びました。

クリントン大統領による大陪審の宣誓証言：Clinton's grand jury testimony　現職大統領がホワイトハウスの執務室で性的関係を持ったことで、大スキャンダルとなりました。日本でも関心が高く、クリントン大統領が相手の女性との関係を「不適切な関係」と認めたため、この言葉が流行語になりました。実際の発言は、I did have a relationship with Ms. Lewinsky that was not appropriate. これを思考の流れに沿って訳すと、「私はルインスキーさんと関係を持ったが、適切ではなかった」となります。つまり、厳密には「不適切な関係」と言ったのではありませんが、大統領ともなると不倫はこんなふうに言うのかという驚きがあって、強いインパクトを与えました。

私はロンドンから帰国後間もない時期に、この短い記者会見をテレビ東京で同通しました。「不適切な関係」という言葉が初めて世に出たわけですが、実をいうと会見前にテレビ東京から、「こういう言葉が出たら、この訳語を使ってください」と指示されたのでした。

飛び込んで、知る悦び

才人との出会い

私の家のテーブルには、陶器の果物籠が置いてある。少しぽってりしたデルフト焼きで、青と白を基調に、中底にはあふれる果物が美しく絵付けされている。周囲は、透かし入りの網状になっていて籠をイメージさせる。以前、仕事でオランダに行った時にデルフトの町で買ったものだ。ちょっと思い切った買物だったが、これが後のフェルメール展を暗示するものとなった。

2008年8月から12月まで、東京都美術館で「フェルメール展　光の天才画家とデルフトの巨匠たち」が開催された。この年は、日本とオランダの修好通商条約締結から150年にあたり、記念行事のひとつとして、ヨハネス・フェルメール（Johannes Vermeer 1632―1675）の作品7点を集めた展覧会が開かれた。主催したのは、東京都美術館、TBSテレビ、朝日新聞社だった。

デルフトはフェルメールが生涯を過ごした小さな都市で、ここに17世紀、革新的な表現をする画家たちが現れた。この町はまたオランダ陶芸の中心地であり、江戸時代にオランダ商館から出て行った日本の陶磁器の影響も受けた。フェルメールの作品に描かれた磁器や壺にも、日本の影響があるという。

私は、事前の記者発表や展覧会開会時の記念講演、レセプション、会食などの通訳をした。美術関係の仕事というと、パール展やゴールド展、永青文庫（理事長は細川護熙元首相）の通訳や、ゴッホやカラヴァッジオのドキュメンタリーの翻訳をしたことがあるが、フェルメール展は単発ではなく、全体に関わる大きな仕事だった。私にとっては、フェルメールを堪能できただけでなく、いくつかの点で意義深かった。

まず、企画の監修をし、カタログの大半を執筆された、ブルース美術館館長のピーター・C・サットン（Peter C. Sutton）氏の通訳をしたこと。頭脳明晰、弁舌さわやか。人をそらさず、自分の気持ちも率直に語る。ハーバード大学出の秀才というだけでなく、ボート競技のアメリカ代表でオリンピックにも出たというから、文武両道に長けた才人であるが、偉ぶったところはない。通訳をしていても、次々と出てくる言葉に教養があふれ、面白くてならなかった。また、通訳の使い方も上手で、記者発表の時も、通訳者（逐次）が困らないように、話を適度な長さで区切り、時間配分も完璧だった。

サットン氏は、1990年に、フェルメールの『合奏』がボストンのイザベラ・スチュワート・ガードナー美術館から強奪された事件についても話してくれた。深夜に起きた事件の知らせを聞いて、翌朝現場に飛んで行った時の衝撃。この作品は消えたままだが、今思っても胸が塞がると、声を少し詰まらせて語っていた。

ちなみに、ネットで調べてみると、サットン氏については「長身、ハンサム、雄弁、間違いなく聡明。ブルース美術館の評判はサットンの指導下で急上昇」と書かれた記事があった。さもありなんと思う。

話は少々脇にそれるが、サットン氏は要するに超エリートである。アメリカのエリートにはこういうタイプの人がぽろぽろっといる気がする。大統領候補になってもいいような人たちである。これに対して、あくまでも一般論だが、日本の「偉い人たち」は、もちろん優秀なのだが、座談や懇親の場になると、知性の見せ方が上手くないというか、話ベタというか、もったいないと思うことがある。

たとえば、相手がシェークスピアを話題にしたら、こちらは源氏物語で応じる。相手が知らなそうな情報や知識を、相手が関心を持てるように伝え、さりげなく自身や日本をアピールするといった場面は意外に少ない。もっとも、通訳がそれにどこまでついていけるかは別の話だが、サットン氏のような人を前にすると、日本人は、英語以前に、どう相手と渡り合うか、コミュニケーション力を鍛える必要があると思うのである。

さて話を戻すと、展覧会は、期待されていたフェルメールの『絵画芸術』が直前に出展見合わせとなり、急遽、『手紙を書く婦人と召使い』が出展されることになった。主催者は直前まで気が抜けなかったと思うが、展覧会は入場者数90万人を超え、大成功のうちに終わった。

オランダ通詞への思い

次に、この仕事が日蘭友好の記念行事だったことも意義深かった。オランダは、江戸時代、長崎の出島を通じて貿易をしていた唯一の西洋の国だ。そこでは通詞《つうじ》(江戸幕府の世襲の公式通訳者)が活躍していた。以前に、復元した出島に行ったことがあるが、とても興味深かった。私にとっては、当時の通詞の仕事が他人事とは思えなかった。荷が入ると、大急ぎで帳簿の翻訳をやり、通訳をやらなくてはならない。だが、日常的に接するオランダ人は、出島にいるわずかの人たちだけだ。大佛次郎賞を受賞した『黒船前夜』(渡辺京二著)によると、江戸の蘭学者にも体系的な文法の知識はなく、通詞といえども、高度な構造をもつ文章の翻訳は苦手であり、オランダから新任が来ると、互いの発音に慣れていないため、会話が困難だったと書かれていた。辞書も不十分。通詞の家に生まれれば、代々通詞をやるしかない。好きでなくても、向かなくてもやらされて、さぞや苦労だったろう。でも、そうした先人たちの脈々とした蓄積のおかげで、今私も仕事ができる。それが、この仕事で確認できた。

にわか専門家となって言葉をつなぐ

私がフェルメールの作品を初めて見たのは、20年以上も前で、小さな画集にあった『牛乳を注ぐ女』だった。農婦らしい女や、注がれる牛乳に妙なリアリティを感じたが、劇的な要素が少ないので、特に意識に残らなかった。つまり、その素晴らしさが分からなかったのである。

しかし、フェルメール展を機に改めて作品を見てみると、「柔らかな光」、「不思議な静寂」といった言葉で語られるフェルメールの世界に引き込まれる自分がいた。確かに「時が止まったよう」（作家の有吉玉青）でありながら、描かれた人物は今まさに動き出そうとしているようでもあり、目が離せないのだ。動をはらんだ静といおうか。画面のどこに視線を走らせても、窓や壁のしみに至るまで粗雑さが微塵もない静なる世界が広がるばかりである。この精妙な世界を支えているのが、計算し尽くされた、深いレベルの画家の技巧（フェルメールは、肉眼では焦点が合わない所にハイライトを当てるなどしているという）で、その緻密さが見る者を捉えて離さないのではないか。が、しばらくすると、見ていたこちらも、画面の柔らかい光に心和み、絵の中の人物の物語を夢想し始める。

フェルメールは、日本でもずっと大人気で、最近では2016年1月から3月に「フェルメールとレンブラント　17世紀オランダ黄金時代の巨匠たち展」が東京で開催され、それに続いて福島にも巡回した。また、36点の全作品を見る「追っかけ」が世界中にいるというのも頷ける。

通訳は、何事によれ、にわか専門家となって言葉をつなぐのが仕事である。このときも、美術のことなど知らずに飛び込み、必死に覚えて取り組んだ。その結果、素晴らしい人に出会え、通訳の意義を確認し、美しいアートの世界をのぞくことができた。こういう悦びがあるから、通訳はやめられない。

英語のワンポイント・レッスン

簡単そうな単語に落とし穴

サットン氏について。

長身、ハンサム、雄弁、間違いなく聡明。ブルース美術館の評判はサットンの指導下で急上昇：

Tall, handsome, eloquent and arguably brilliant.

Bruce Museum's reputation soars under Sutton's leadership.

ここで、難しいのはarguablyです。argueを「論議する、論争する」と覚えていると、arguablyは、「論争しうる、議論の余地があるが、異論はあるが」となって否定的に解釈してしまいます。

こういう使い方もなくはないのですが、実際の意味は全く逆です。argueには、論拠を持って自説の正しさを論じる、つまりは説得するという意味があるのです。そのため、arguablyは、「十分論証できる、説得力がある、間違いなく」となります。これは、普通の日本人には、理解しにくく、なかなか使いこなせません。私たちの中には、無意識のうちに、argueのように意見を戦わせること自体、好ましくないという思いがあるからでしょうか。

http://www.ctpost.com/entertainment/article/Bruce-Museum-s-reputation-soars-under-Sutton-s-2418387.php

陶器：pottery, earthenware　土の中の粘土（きめが粗い）を低温で焼いたもの。

磁器：porcelain, ceramics, china　石を砕いた粉と水で練った粘土（きめが細かい）を高温で焼いたもの。青磁や白磁などです。白磁のはじまりは6世紀ごろの中国（China）までさかのぼります。そのため、china（小文字）は中国発祥である磁器を意味し、chinawareとも呼びます。

テロと私

ロンドンで危うくテロを免れる

「テロ」という言葉が、思想・信条によるとされる無差別殺傷を意味する言葉になったのは、いつからだろうか。

日本ではまだ一般に「テロ」なんて言葉が聞かれることのなかった1994年6月、私はBBCの職を得てロンドンに異動した。

以前に、イギリスではアイルランド共和軍（IRA Irish Republican Army アイルランド独立闘争を行ってきた武装グループ。北アイルランドをイギリスから分離させて全アイルランドを統一することを目指す）によるテロがあるので、ロンドンの地下鉄にはごみ箱が置いていないと聞いたことがあった。爆弾を仕掛けさせないためである。事実その通りだった。

今では日本でもごみ箱が少ない。だが、幸いにも、異動後まもなくイギリス政府とIRAの間で停戦が成立。その後は、紆余曲折を経ても和平の流れが逆行することはなく、おおむねIRAのテロの脅威はなくなった。歴史的快挙といえるだろう。

世界は、それ以前の1989年に恒久的と見えたベルリンの壁が壊れ、1991年にソ連が解体するのを目撃した。日本はバブル崩壊に突入したが、冷戦が終わり、21世紀は明るい未来になるように思えた。だが、平和な21世紀に希望をつないだのも束の間。2001年のアメリカ同時多発テロ（9・11）以来、テロや戦闘は絶えず、今や中東では残忍極まりないイスラム過激派組織ISが跋扈《ばっこ》している。世界の他の地域でも、それに呼応する過激派組織や個人がテロを起こすようになってしまった。全く憂鬱な状況だ。

1997年、私はロンドンで危うくテロを免れた。

その日、私はなぜか靴擦れに苦しめられた。新しい靴ではあったが、初めて履いたわけではないのに、痛みはひどくなるばかりだった。予定では仕事の後に、家からちょっと先のスーパー、センズベリーに行って、週末の持ち寄りパーティ用の材料を買おうと思っていた。イギリス伝統菓子のトライフルに挑戦しようと思っていたのだ。市販においしいカスタードクリームがあるので、これを使いたかった。

最寄りの駅のイーリング・ブロードウェイ（セントラル線）の駅前にも、庶民派スーパーのセーフウェイはあるが、お目当てのカスタードクリームがあるかどうか。駅を降りた時も迷っていた。このままバスに乗れば、センズベリーに行けるのだが、どうにも痛い。

結局、足をひきずりながら、駅前のセーフウェイに入った。すると、例のカスタードクリームをはじめ、欲しい材料がすべて見つかった。センズベリーに行かなくても済んだのだった。レジを終えて、店内の大きな時計を何気なく見た。6時1分を指していた。

何とか家にたどり着き、食後テレビをつけると、9時台のニュースが終わろうとしていた。その時、bomb attack（爆弾攻撃）という言葉が聞こえ、今日行こうとしていた、あのセンズベリーと周辺の店、バス停がテレビに映っていた。窓ガラスが粉々に割れて散乱している。騒然とした雰囲気で、混乱は一目瞭然だった。しかも爆破時刻は6時3分だという。けが人は出たものの死者はいなかったというが、身震いがした。何が起きたのかもっと知りたくて、あわててあちこちのチャンネルを回したが、ここはロンドン。日本とは違う。他局（といっても、当時、普通に視聴できる地上波はBBC1、2、ITN、チャンネル4の4局しかなかった。今も5局になっただけで事情は大して違わない）を見ても報道はなく、BBCもそのまま取り上げることもなく、終わってしまった。

翌日、BBCに出勤するや、あちこち探したが、あれ以上の報道はなく、やっと見つけた新聞記事もいわば3面に小さく書かれていただけだった。ロンドンの基準からすると死者も出ず、大規模とはいえないテロは大々的ニュースの対象にはならないみたいだ。後に、犯人はバークレイズ銀行とセンズベリーを連続して狙うマルディ・グラ爆破犯（Mardi

Gra bomber）と呼ばれる、奇妙な個人の犯行だったことが判明する。が、この段階では書かれていなかった。
テロとイギリス人は長年結びつきが深い。だから、ある種〝慣れっこになっている〟というか、冷静である。日本なら大騒ぎになるだろうに、テロとの歴史の違いが垣間見えるようだった。でも、私にとっては、テロが卑近に起きることを自覚させられる出来事となった。それにしても、「靴擦れ」のおかげで巻き込まれずに済んだ不思議さ。こういうのを何かに守られたと言うのだろうか。

9・11とイラク戦争

夜の11時近くだったろうか。そろそろ寝支度でもしようかという時に、通訳エージェントの女性コーディネーターから電話がかかってきた。今からテレビ局に入れないかと言う。私は、翌朝、別の仕事が入っていたので今夜は難しいと答えると、明日以降の予定はどうかと聞いてくる。ただならぬ様子に、何があったのかと尋ねると、「貿易センタービルが……、テレビを見てください」と言う。あわててテレビをつけて唖然とした。ニューヨークの世界貿易センタービルのツインタワーに航空機が激突する、あの衝撃的な映像が流れていたのだ。

2001年9月11日、アメリカ同時多発テロが発生した。犯行組織はイスラム系国際テロ組織アルカイダだという。ハイジャックした民間航空機がツインタワーに次々と突入し、貿易センタービルは爆発炎上、崩壊した。また、同時進行で、別の民間航空機がペンタゴン(国防総省)にも突入。さらにもう一機は乗客の決死の抵抗を受けたが墜落した。

アメリカ本土で起きた史上最大規模のテロ事件は、全世界に衝撃を与えた。アメリカはその後、10月には、アルカイダの指導者ウサマ・ビン・ラディン容疑者の引き渡しを拒否したアフガニスタンのタリバン政権を転覆させるため、NATOやアフガニスタン国内の反タリバン勢力とともに、アフガニスタン攻撃を開始する。対テロ戦争の一環だった。だが、タリバン政権は崩壊しても、国連主導による復興と治安維持が成功したとはいえず、タリバン派の反撃が繰り返されるなか、アフガニスタンの治安は2016年になっても安定していない。

こうした流れを背景に、9・11以降、放送通訳はいわば戦時特需となった。当時、私はITベンチャー・ビジネスにかなり関わっていたが、夜と週末はテレビ局に向かった。何しろ前代未聞の事件である。民放も24時間態勢で対応するところが多く、通訳者も常時2人待機して、アメリカ国務省や国防総省の発表を同時通訳した。深夜シフトはきつく、通訳者もテレビ局のスタッフも疲労困憊していった。陰で手配をするエージェントのコーディネーターも然りである。また、テレビ局側もスポンサーのつかないニュース報道に、日々コストが嵩み予算的にも参っているとも聞いた。この態勢は12月の初めまで続いた。

それから1年半後の2003年3月。アメリカのジョージ・W・ブッシュ（George W. Bush）大統領が、今度は事実上の報復としてイラク攻撃を決断した。イラクは大量破壊兵器を保有するテロ支援国家であり、独裁者サダム・フセインは圧制を行なっている、アルカイダとも協力関係にあるなどが理由だった（実は大量破壊兵器は保有していなかった）。ブッシュ大統領の開戦宣言が、3月19日（日本時間の3月20日）に行なわれることになった。前日夜に、9・11の時と同じコーディネーターから電話があった。何時に開戦宣言があるか分からないが、行なわれる可能性が極めて高いので、早朝から切れ目なく通訳者を送りこむという。依頼主はＴＢＳだった。

私は、こんな重大な演説の地上波での同通は通訳界の大御所が担当するものだと思っていたので、意外感が先立った。私でいいの？　瞬時迷うが、こういう時は自分よりベテラン・コーディネーターの眼を信じることにしよう。引き受けることにした。

当日は朝8時に局入りした。すでに深夜から通訳者が入れ替わり立ち替わり、入っているようだ。同時通訳は1人では長時間（この局面では10分くらいか）対応できないので、必ず2人必要となる。しかも、今回は競合エージェント2社がそれぞれ1人ずつ派遣し、拘束時間も各人ばらばらだった。

私はこの時のことを鮮明に覚えている。引き受けたくせに、いざとなったらプレッシャーで押しつぶされそうになった。相方の通訳は超ベテランの「大御所」だったので、開戦宣言が始まったら、この人がやってくれると思い、自分を落ち着かせようとした。新聞やら資料やらは手元にあるが何も頭に入らない。待つこと4時間。大げさに聞こえるかもしれないが、それまでの人生で最も苦しい時間だったように思う。自分の不勉強を悔い、人生を大真面目に反省し、神仏に祈った。「どうかこの一瞬をお助けください。これからは必ず必ずちゃんと勉強しますから」。試験前の子供のようだが、本気でそう念じる以外、策がなかった。

失敗すれば、私は単に干されるだけだけど、私を信頼して仕事を任せてくれた人たちに迷惑をかけると思い、いても立ってもいられなかった。開戦宣言はなかなか始まらず、今日はないとの見方が浮上し、期待しかけたが、やはり行なわれることになった。

大御所の通訳者は、担当シフトの時間がちょうど切れるため、宣言の直前の短いアナウンスだけを訳して次の人と交替になった。次の人はスタジオに着いたばかりなので、その後の宣言は必然的に私が引き受けることになる。さんざんジタバタした挙句、覚悟が決まったのは、本番の10分前くらいだった。でも、思い定めたら、もう何も思わなくなった。

最後は自分に対して同通上のポイントを確認しただけだった。「言い始めた文章は終わらせる。『え』とか『う』とか言わない。言いそうになったら呑みこむ。必ず聞こえる。必ず分かる」。それから4分半。ブッシュ大統領が“May God bless our country !”（この国に神のご加護を）と言って、口をつぐんだ瞬間に湧き起こった私の安堵の気持ちは今もはっきりと心に残っている。終わったのだ。

しばらく、机にうつ伏した。それから気を取り直して同時通訳ブースを出た。TBSではこの日、特番が組まれ、大勢の人が緊迫した雰囲気のなかで忙しく立ち働いていた。それでも、私が出ていくと、みんなが一斉にこちらを見た。温かい気持ちが流れて来るのが分かった。よかったですよ、と言ってくれているようだった。ああ、よかった。大丈夫だったんだ。涙が出そうになった。

後で、テレビを見ていた母曰く、「別人のようだった」。確かにそうだったように思う。スポーツの世界でいわれる超集中状態「ゾーン」に入ったということかもしれない。開戦宣言はNHKを始め、民放5社すべてがそれぞれ同通を入れたのだった。私は、この仕事で日本におけるテレビの同時通訳者として実質的にデビューできたのではないかと思う。

それから2か月後の5月、ブッシュ大統領による「大規模戦闘終結宣言」が出される。だが、イラク国内の治安は悪化し、戦闘は続行。2010年8月にアメリカのオバマ大統領が改めて「戦闘終結」を宣言。２０１１年12月、アメリカ軍はイラク軍の訓練を担う一部を残して撤収し、ようやくイラク戦争は正式に終結された。だが、これらが背景となって、ＩＳを生む土壌ができたことは否めない。

パリ同時多発テロ

フランスのパリ市街と郊外のサン＝ドニ地区の商業施設など6か所で、２０１５年11月13日にＩＳの戦闘員らによる銃撃および爆発が同時多発的に発生した。死者１３０名、負傷者３００名以上が犠牲となった。これがパリ同時多発テロ事件である。２０１５年は年明けの1月にも風刺漫画雑誌『シャルリー・エブド』へのテロが発生したばかりで、フランス当局の警戒にもかかわらず、惨劇が繰り返された。

洗練された文化や芸術の「あのパリで」との思いがして、世界中が憂鬱になった。以来、フランスは全国に非常事態宣言を出し、現在（２０１６年7月の時点）でも解除されていない。

事件から2週間となる11月27日、フランス政府が主催する追悼式がパリのアンバリッド（廃兵院）で開かれ、事件の負傷者や犠牲者の遺族ら２０００人以上が招かれた。追悼式はＢＢＣでも生中継され、私が担当した。スピーチをしたのはオランド（François

Hollande）大統領だけで、厳かで力強かった。音楽が美しく奏でられ、歌手が追悼の曲を歌い継いだ。その後、犠牲者の名前と年齢が読み上げられ、写真がスクリーンに映し出されて、悲しみを分かち合った。こうした言い方は語弊があるが、いい式だった。簡素ながら洗練された、心に響く式だった。

犠牲者の名前と年齢は、もちろんフランス語で読み上げられた。この部分に英語の訳が入るわけではないので、原則的には日本語訳も不要である。フランス語を流れるままにしておいても問題はない。だが、130人の名前が読み上げられる間、何も日本語が入らないのは、どうだろうか。私は年齢の数字くらいなら、フランス語でも聞き取れるんじゃないかと思い、思い切って日本語に訳し始めた。

だが130人はかなりある。名前も、それらしく真似して発音するのも簡単ではない。集中力が途切れ、だんだん数字が怪しくなってくる。だが、いったん始めたら、やめるわけにはいかない。数字との格闘となった。私の後を受ける相方の通訳者も、私が始めてしまったので、自分も言わなくてはならないと思い、はらはらして準備していたそうだ。結局、読み上げは私の担当時間内に終わったが、これで大学はフランス語専攻だったと言えるのか。分かっていた事ではあったが、錆付ききった我がフランス語に恥じ入った。

ＢＢＣの編集ガイドライン（11年4月5日）では、「テロ」という言葉は使用してはいけないことになっている。「テロ」および「テロリスト」という言葉には価値判断が入るからだ。ある時代、ある地域、ある側にとって「テロ」と解釈される行為も、歴史の変遷のうちに、「テロ」でなくなることがある。客観的ジャーナリズムを標榜するBBCはこの点を重視し、BBCで仕事を始めた時には、「テロ」という言葉は避け、「爆弾攻撃」、「爆破攻撃」、「暴力行為」などを使うようにと指示された。だから、IRAのメンバーであってもテロリストと呼ぶことはなかった。

しかし、最近はそうした原則を守っていられない状況になっている。言うならば、「テロ」の内実が、実行者にとっては政治的目的があるのかもしれないが、本当にただの人間社会の破壊や目的のない無差別殺戮だけになってしまっているからだ。「テロ」でさえ、価値の下落・デノミ現象が起きている。気がついたら、BBCでも「テロ」という言葉が登場するようになっていた。

こうして、世界中のどこかで毎日テロが起き、テロという言葉も日常的に使われるようになってしまった。それが21世紀の現実である。何をどうしたらいいのだろうか。20世紀も、思えば前半は戦争に次ぐ戦争だった。人類は過去から学びきれず、また戦争をするのか。今の私は、せめて「テロ」の breaking news（速報）が入って来ないことを祈るばかりである。

英語のワンポイント・レッスン

神のご加護を

トライフル：trifle　イギリスの伝統的デザート。スポンジケーキにフルーツを乗せ、シェリー酒をふりかけて、カスタードクリームを重ね、さらに生クリームを上から重ねて冷やします。イギリスの食べ物はあまり評価されませんが、これはおいしいです。

ペンタゴン：the Pentagon　アメリカ国防総省（Department of Defense）の本庁、および国防総省そのものを指します。建物の形状が五角形であることから、英語で五角形を意味する pentagon ペンタゴンと呼ばれるようになったのは有名ですね。

May God bless our country !：この国に神のご加護を。アメリカの大統領は演説の終わりに必ずといっていいほど、神（キリスト教の一神教の神）のご加護を祈ると言います。もし他の宗教を信じる大統領が出たら、締めの言葉も変わるかもしれません。

非常事態宣言：declaration of a state of emergency　国家が、武力攻撃、暴動、テロ、大規模災害、鳥インフルエンザやエボラ出血熱などの感染症に対し、緊急事態に対応するため特別法を発動することを意味します。物々しい響きがあり、martial law（戒厳令）や curfew（夜間外出禁止令）を伴うことも多くあります。

インフルエンザの誘惑

36歳の超エリート政治家

２０１４年11月、来日中のフランスのエマニュエル・マクロン（Emmanuel Macron）経済大臣のインタビューが、ＢＳジャパン『日経プラス10』で放映された。インタビューの同時通訳の依頼が来たのは、その５日前だった。大物政治家のテレビ・インタビューとなると、それだけで緊張するが、45分間、２人態勢で、質問は事前に用意されるという。エージェントは、事前収録なので編集が入るし、一般向けの番組なので、あまり専門的な話にはならないだろうと言う。通訳の相方は超ベテランだし、ひとり25分弱……。なんとかなるかと思い、引き受けた。

通訳の世界に入って、もう20年以上になる。それだけやっていれば、いい加減、慣れきってもよさそうなものだが、そうはならない。今回も、案件が確定し、エージェントの指示で、私が英語から日本語を担当することになり（つまり、時間で交替するのではなく、大臣の発言を全部、私が同通することになった。質・量ともに負担が大きい）、質問表が送られてくると、自分の見通しの甘さに、ため息をついた。

マクロン氏は、低迷が続くフランス経済の建て直しのため、オランド政権の内閣改造で、経済大臣に抜擢された弱冠36歳の超エリート政治家である。バンカーだった経歴を持ち、社会党ながら、企業寄りの成長戦略や構造改革を目指している。今や、どこの国でも経済が難航すると、左派政権であっても企業寄りの政策を取るのが世界の潮流だ。フランスも例外でない。一方、いわゆる「イケメン」のマクロン氏の妻が20歳年上というのも人目を引く。

質問事項も、「フランスの病」の処方箋に始まり、ユーロ圏のデフレ懸念、ユーロ高による輸出競争力の低下、欧州中央銀行の量的緩和の早期実施、フランスの付加価値税（20%）と日本の消費税率の対比、週35時間労働の見直し、アベノミクスの評価、原発などの日仏産業協力、観光大国および高・出生率のフランスから何を学べるかに至るまで、さまざまな問題が網羅されていた。

これを通訳するということは、そのひとつひとつについて、フランスの現状とオランド政権の考え方、ひいてはマクロン氏の見解をできるだけ把握しておく必要があるということだ。できれば、マクロン氏の英語も聞いておきたい。すべてネットで調べるのでインターネット様々だが、他の仕事をしながら、どこまで調べられるか。プレッシャーがかかる。それでも、フランスの出生率が、依然高いものの（2013年では1・99）、実際は2年連続で下がり続けていて、国内では懸念事項になりつつあるということも、この時知った。

通訳の成否は事前の勉強にかかっている。だから必死に取り組むのだが、時折、魔のささやきが聞こえてくる。う～ん、逃げ出したい。エージェントに、荷が重すぎると正直に伝え、今から断れないか。いっそのこと、インフルエンザにならないか、なれないか。いや、まだちょっと季節が早いか……。こんな惑いはエネルギーと時間の無駄以外の何物でもないが、分かっていても止められない。

インタビュー当日がやってきた。マクロン氏は、前の講演が押して、10分ほど遅れてやってきた。インタビュー側は到着するやいなや始めようと待ち構えていたが、そこは、さすがにフランス人と言おうか。大臣は「ちょっとコーヒーを飲ませて」と言って、コーヒーを運ばせ、一息ついている。この間に私の覚悟も決まってきた。

インタビューが始まると、マクロン氏は、同通を意識してか、最初は比較的ゆっくりと話してくれた。が、興に乗ってくるにつれて速くなり、答えのほうも変化球が入ってくる。事前の下調べがなければ理解が難しいところもあり、綱渡りが続いた。その中で印象的だったのは、付加価値税20％の引き上げに関するコメントだった。インタビュー側が、フランスでは比較的すんなり通ったようだが、なぜかと聞いたことに対し、この種の値上げが容易だったことは一度もないと断言したことだった。

こうして、インタビューは終わった。一応、終わっただけでも、私としては良しとしたいところだが、そこに思わぬプレゼントがあった。終了後、取り巻く人が多くて、直接挨拶できないまま、一歩離れた所から見送る私に、マクロン氏がなんとウィンクをされたのだ。merci（メルシー、ありがとう）のサインだ。

「まあ、おしゃれ！」。

インフルエンザへの誘惑に勝った私の、この日最大のご褒美だった。

〔追記〕なお、マクロン氏は、その後2017年に、若き新星としてフランス大統領に就任した。

英語のワンポイント・レッスン

フランスの病

フランスの病：France's diseases　マクロン氏はフランスは病んでいる（France is sick.）と繰り返し、述べてきました。病の内訳は不信（mistrust）、複雑さ（complexity）、協調組合主義（corporatism）です。2015年のフランスのGDPは1.1％と4年ぶりに1％超を果たしました。ですが、最近は経済問題より2015年のパリ同時テロの影が色濃く、明るいニュースが聞かれません。

企業寄り（経済界寄り）の政策：pro-business policies

週35時間労働：35-hour working week　これはヨーロッパで最も少ない労働時間です。政府は社会党政権ながら、経済改革によってこの縛りを解き、週48時間労働、60時間労働も可能にし、生産力を上げようとしています。しかし、労組は短労働時間のゆえに失業率も低く抑えられていると主張。強く反対してストが頻発しています。

消費税：consumption tax　欧米諸国では日本の消費税に相当する付加価値税（value-added tax）が高いので、それが日本の消費税増税の根拠とされます。

観光立国：tourism-oriented country　～立国という時に、-oriented, -led, -driven, -centric(centered) という表現を使うと便利です。技術立国も technology-led nation などと言えばOK。

出生率：birth rate　日本は保育所や託児所（day-care center, day nursery, nursery school）が不足していて、母親が仕事をしながら子育てをするのが難しく、出生率がなかなか伸びません。待機児童（children on the waiting list for a day-care center）解消のための思い切った対策が求められます。

エージェントのコーディネーター

エージェント間で通訳者の奪い合い

「テロ」の話のなかで、エージェント及びコーディネーターについて触れたので、少し詳しく述べたい。この人たちも通訳業界を陰で支える重要な一員である。

エージェント（agent）は、代理人、代理業者、仲介業者を意味する言葉で、語源は agentem（行なっている）で、age-（行なう）＋ -ent（……する人）。関連語には agitate, act, actual, reaction などがある（『ジーニアス英和大辞典』より）。

プロスポーツの世界では選手本人に代わって契約の交渉をし、芸能界ではタレントに代わって交渉する。旅行業界では、実際に旅行する人に代わって旅行の手配をする旅行代理店がエージェントと呼ばれる。通訳の世界も、通訳を依頼したいクライアント（顧客）と仕事を求める通訳者をつなぐ通訳エージェントがあって、そこで働く人を総じてコーディネーター（coordinator スケジュール調整や手配をする人）と呼んでいる。

9・11の夜に電話をしてきた女性コーディネーターによると、あの時は複数の放送局から通訳依頼があったという。世紀の事件に驚愕しつつ、携帯電話と固定電話を前に、通訳者名簿を見つめて次から次へと電話していったと言っていた。

また、9・11以降の一連の〝戦時特需〟の時は、エージェント間で通訳者の〝奪い合い〟もあった。私があるテレビ局に入っていると、にこやかに近づいて来る人がいるので、誰かと思ったら、ライバル・エージェントのコーディネーターで、「うちからも入ってくれませんか」という。

こうした動きは、私を派遣したエージェントもすぐにキャッチし、「うちのほうで入れますから、他社さんからは入らないでいただけますか」という電話がかかってきたりした。9・11のような大事件に対応できると想定される通訳者が少ないのと、通訳者は基本的にはフリーランスなので、どこのエージェントと関わろうと自由であるため、こうしたことが起きる。でも、だからといって、通訳者が浮かれるわけではない。やるべきことはシビアで、これはあくまで〝特需〟での話だ。

エージェントは、こうした非常時はもちろんのこと、そうでない時も、通訳者にとっては仕事の提供先であり、資料の用意や請求などの事務を代行してくれる存在である。だから、エージェントとは良好な関係を構築しておきたい。だが、〝かなりの仲介料〟が課金されているらしいので、クライアントからも通訳者からも不要論が出ることもある。経費を節減したいクライアントが、エージェントから派遣された通訳者に直接取引を求めてくるケースも後を絶たない。実際に引き抜かれた人も多いし、私も声をかけられたことがある。

しかし、エージェントが間に入っていることで、通訳者としては新規のクライアントであっても仕事後の入金を心配しないで済む。面倒事やクレームが発生しても自分が直接対応することもないし、こちらの要望も伝えやすい。特に延長料金が派生する場合、直接クライアントから依頼されていると、なぜか「そのくらいサービスすべき」といった雰囲気が漂う。こうしたことがあるので、私は、もちろん個人的に依頼されるお客様も大切にしてきたが、エージェントの入る仕事をずっとやってきた。

だが、時には、クライアントに資料を粘り強く請求してくれない、現場に行ったら聞いていたことと全然違ったといった不満が、通訳者の間で出ることがある。また、エージェントはエージェントで、通訳者はわがままだと思っていて、批判の声が漏れ聞こえる。

経済が厳しくなるにつれ、エージェント間の競争も、通訳者間の競争も一段と激しくなった。もはや、単なるおしゃべりに通訳を雇ってくれるような企業は一社もない。私はエージェントのお蔭で本当にいろいろな経験をさせてもらった。だから、みんなで共存共栄していきたいと思う。

通訳者からお願いしたいこと

資料や打ち合わせの重要性については、すでに強調したので、ここでは他のことに触れたい。

講演やパーティの司会などで通訳がスピーカーとともに舞台に立ったり、前に出たりすることがある。通訳は黒子なので視覚的に目立たない場所に置かれることが多く、それ自体は全く問題ないのだが、スピーカーから物理的に離れた所や後方に立たされると、声は前に向かうのでスピーカーの声がよく聞こえなくなる。この立ち位置は大変悩ましい。また些細なことながら、こういう時にはハンドマイクではなく、スタンドマイクが助かる。通訳はメモを取るので、ハンドマイクを持ちながら、メモ帳に書き連ねるのは大変だからだ。

さらに立ち位置という点では、要人同士のハの字型の対談で、その斜め後ろにそれぞれの通訳がつくという形も、実はあまりやりやすくないことがある。この形式は、それぞれに付いた要人の発言を逐次で外国語に訳す場合は、発言者の近くにいるので問題ないが、相手側の発言を自分の付いた要人に対してウィスパリング（whispering 耳元でのささやき通訳）する場合は、対談相手の声が前に向かうので、通訳者の位置からは微妙によく聞こえないことがある。こうなると思わず身を乗り出す。

フランスのマクロン経済大臣へのインタビューもこの形式だった。マクロン経済大臣への質問を訳す通訳者は、生の声をウィスパリングすることになり、大臣の後ろの定位置につけたが、私は受信機をつけての同時対応だったので、少し離れた所に、資料も広げられる机を用意してもらった。長い答えを同通するには、生の声ではなく、耳に音声が直接入ってくる装置が必須である。この時は受信機が片側からしか音が入らないという難点はあったものの、テレビ局の担当者がこちらの要望を理解して対応してくれたので、ありがたかった。

最後に、話すスピードについて一言。打ち合わせの時に、スピーカーに、ゆっくり話してほしいと言っても裏切られることが多い。スピーカーは話に夢中になると通訳者の存在を忘れてしまう。思考の流れを中断できないのも理解できる。話すスピードというのは、その人、生来のもののようで、意図的に速くしたり遅くしたりはできないみたいだ。

また、逐次通訳であまり細かく区切ると、スピーカーが話しづらくなるだけでなく、通訳側も論旨をつかめなくて訳ができなくなる。よく主催者から「一文ずつで」などと言われて、双方とも窮したことがある。それが、ある時、一文ではなく一語だったこともあった。スピーカーが、同時通訳がやりやすいようにと慮り、「わたくしは〜、え〜」と言って、こちらがちゃんとやっているかどうか気にしながら、会場奥の仮設ブースの様子を窺ったのだった。「えぇっ？『わたくしは……』だけじゃ、訳せないんですけど……」。思わず、ブース内から、話を進めてという意味を込めて、どうぞ、どうぞと両手で大きくサインを出した。スピーカーはとてもいい方だったと思う。

他に、クライアントと通訳者の要望（というより事情）が、しばしば食い違うのが昼食時の通訳についてである。1日の会議で、クライアントが外国人のゲストと昼食を取りたいので、この時間にも通訳が欲しいということがある。要望はもっともであるが、この時間にそのまま通訳を続けると、午後に使い物にならなくなることが多い。超過料金を払うと言われても苦しい。しかし、ここで休憩を主張すると、難しい話をするわけでもないのに、それくらいなんだとなる。疲れるからと言うと、「疲れるからいやだなんて、他の仕事では考えられない」となる。しかし、政府関係をはじめとする大きな会議では、昼食時間だけのために別の通訳者が呼ばれる。いずれにしろ、こういう時にはエージェントが仲に入っていると大変助かる。

それから、最後にもうひとつ、「通訳のわがまま」とされる代表的な例を付け加えよう。通訳パートナーのえり好みである。ブースの中は密室で連携してやらなければならないことが多いので、どうしても合う、合わないが出てくる。コーディネーターは通訳者の日程や得意分野などを調整しながら、スケジュールを組むので、個人の好みまで取り入れていられない。それはもっともなのだが、それでも自分の要望を強く打ち出す人もいる。私のことをあんな奴とは組みたくないという人もいるかもしれないので、私自身はそういうことだけは言うまいと思っているが、言いたい誘惑に駆られることはある。だが、これはすこぶる評判が悪い。

パフォーマンスという言葉は好きではないが、通訳は厳しい条件の中でパフォーマンスが問われるので、どうしてもいろいろと注文したくなる。出来不出来が左右されるからだ。それがクライアントの利益に直結する。でも、あれこれ言うと、エージェントやクライアントから、わがままだと言われることになる。他にもいろいろお願いはあるが、「通訳わがまま」説がまかり通ってしまうと困るので、このくらいにしておこう。

いろいろな人から、通訳者は何人くらいいるのかとよく聞かれる。それが、業界にいても全く分からない。あるエージェントのコーディネーターに尋ねたら、どこまでを「通訳者」とするのか定義が難しく、自称通訳もいることであり、それではデザイナーは何人いるのかと聞かれて、答えられないのと同じではないかとの答えが返ってきた。また、各エージェントの登録者も企業秘密なので分からない。ただ、会議通訳をしているとよく同じ人と組む。放送通訳に至っては、活動の場がＮＨＫ、ＢＢＣ、ＣＮＮなどに限られているので、大半が重なっていて、おそらく数十人規模で動いていると思われる。なお、『通訳者・翻訳者になる本２０１７』（イカロス出版）には主なエージェントとして、全国で51社紹介されていた。

英語のワンポイント・レッスン

カタカナ語の多い通訳業界

agency：agent と同じような意味合の関連語に agency（=agent + -cy　代理する地位）があります。意味はｉ）媒介、仲介、ii）代理店、取次店、代理業務、iii）行政上の機関、庁。iv）の例では、アメリカの中央情報局 CIA, the Central Intelligence Agency が有名ですね。ここではスパイ（spy, secret agent）が働いています。日本の行政機関でも、庁の英語訳が agency となっている場合が多いです。例：Financial Service Agency 金融庁、National Police Agency 警察庁、Japan Meteorological Agency 気象庁など。

client：クライアント

interpreter：通訳者

simultaneous interpreting：同時通訳

consecutive interpreting：逐次通訳

freelance, freelancer：フリーランス。組織に属さず自由契約で仕事をする人

in-house interpreter：社内通訳

performance：パフォーマンス

憧れのヨーヨー・マがすぐそばに

この仕事に限っては緊張より興奮

20歳の頃から部屋に大判のポスターを貼っていた。チェロを抱えて、にこやかに微笑むヨーヨー・マ（Yo-Yo Ma）は天性の明るさに光り輝いている。世界的チェリストではあっても、まだ日本国内で知れ渡る前だったので、チケットも比較的入手しやすく、コンサートにも足繁く通った。1階真ん中の3列目などという〝砂被り〟の席に座って、「聞いた」というより「見た」。いつも軽やかにステージに入ってきて、座った途端に一気に弾き出す。一瞬にして表情が変わり、観客を自分の世界に引き込んでしまう。近くで見ていると音楽的色気にドキドキした。ヨーヨー・マの音楽は、私に「奥深い明るさ」を示してくれた。

1996年、ロンドン在住中にバービカン・センターで、ヨーヨー・マのコンサートがあった。この時は小さな花束を用意していった。だが演奏の終盤になるにつれ、花束を渡せるかどうか自信がなくなり、演奏が耳に入らなくなった。日本と違って、欧米では花束は舞台の出演者に渡すものではなく、楽屋で受け取るように受付に預けるのが一般的習慣だと聞いたのは、後のことだった。そのせいか、会場をざっと見回しても花束を抱えている人がいない。

いよいよ、演奏が終わった。1階の真ん中より後ろくらいに座っていた私は、舞台が遠く感じられて立ち上がれない。カーテンコールが何回か繰り返され、もうこれで最後かと思われた時に、このままでは後悔すると思って、立ち上がった。舞台まで進む間も、ゆっくりコツコツと自分の靴音が鳴り響く。ヨーヨー・マは私の姿を認めて待っていてくれた。花束を渡し、軽く握手をし、顔を見た。その目はまっすぐで混じり気がなく、すべての夾雑物を排して私だけを見ていた。心から「ありがとう」と言っているのが伝わってきた。私はこんなふうに人に見られたことはないと思った。自分の席に戻りながら、感動で涙がぽろぽろとこぼれた。

私は、かくの如くファンだった。

それから時が流れ、東京に帰国後の2008年4月。なんとヨーヨー・マの通訳の仕事がきたのだ。サントリーホールでのコンサートの後に、大手クレジット・カード会社の会員限定のパーティがあり、通訳を依頼されたのだった。コンサートは「シルクロード・アンサンブル」と題したもので、ヴァイオリンやヴィオラをベースに、尺八、中国琵琶、中国笙などが加わるエキゾチックな演奏会だった。この仕事に限っては緊張より興奮のほうが大きく、仕事をする前から周囲の友人に話した。こんなことは後にも先にもない。

　楽屋で演奏終了を待った。パーティではヨーヨー・マがスピーチをするので、打ち合わせをすることになっていた。マネージャーは私が長年のファンだというと、サインをもらってもいいと言ってくれた。通常、仕事ではサインや写真はご法度である。

　だが、楽屋でも面会者が鈴なりになっていて、ヨーヨー・マは楽屋に戻ってからも、そのすべてに懸命に答えようとしていた。皇室関係者の姿も見えた。私の入る余地などない。

　結局、打ち合わせができたのは、コンサートホールから隣のホテルに移動する間の数分のみ。歩きながらだった。ヨーヨー・マはマネージャーに「何を言えばいい？　今日のお客さんはどういう人たち？」と聞いた。「クレジット・カードとアンサンブルの共通点は信頼（trust）だね。これをテーマにしよう」と即断した。なんという頭の回転の速さ。私は、長年のファンであるとか、バービカンのコンサートに行ったとか、ちょっと言ってみたいと思っていたが、秒単位で動いている人を前に、私的なことは控えた。

　ヨーヨー・マはもちろん通訳にも配慮があり、スピーチはこちらの様子を確認しながら、3センテンスごとくらいに区切って話してくれた。歓談に入ると、私はすぐ脇に張りついて一緒に動くので、身内になったような気がした。途中、フランス語で話しかけてくる人もいたが、ヨーヨー・マはきれいなフランス語で返していた。そうだ、フランス生まれだった。それにしても憧れのヨーヨー・マがすぐ側にいて、私の声を介して会話を進めていくなんて信じられない。通訳をしていてよかった！

しかし、幸せな時間も終わりが来た。ヨーヨー・マが相当に疲れていると判断したマネージャーが、早めに会場を離れるよう誘導していった。会場からは「もう帰っちゃうの？」という声が聞こえた。

その後２００９年、ヨーヨー・マはアメリカのオバマ大統領の大統領就任式典でも演奏し、２０１０年には大統領自由勲章を授与されている。

世界的音楽家の共通点

それほどまでにファンであったため、私は他のチェリストに関心を持つことがなかった。ところが、次に通訳の依頼のあった音楽家もなんとチェリストだった。ロシアのアレクサンドル・クニャーゼフ（Alexander Kniazef）が、２０１１年5月にＴＢＳ主催のコンサートに出演することになり、そのプロモーションのため年明けの2月に来日した。

クニャーゼフはロシア人だが、インタビューは英語で行なわれる。英語が国際語になっていることを示す事例だ。こうした場合、ロシア語通訳を入れるのが自然に思われるが、インタビューする側が、全く理解できないロシア語より、少しは分かる英語で話が進めたいというのが理由だったりする。

ただ、通訳者としては、相手がどういう英語を話すか分からないので不安だ。ひどく訛っていたら、どうしよう。通訳はいきなり本番に入るので、毎回こうした不確定要素に悩まされる。それに、音楽の専門用語、ロシアの音楽・音楽家の話も出てくるに違いない。発音も内容も理解できるだろうか。

クニャーゼフは、前髪を深く垂らした、アーティストのオーラを漂わせる人だった。心優しく、ロシアの香りがした。英語も癖がなく完璧だった。しかし、その人生は凄まじい。幼少期から音楽的才能をいかんなく発揮するが、両手の筋力が低下する難病に見舞われる。5年間もチェロを持てない日々が続くが、これを克服。チャイコフスキー・コンクールには病気前と後で、それぞれ3位と2位という結果を出している。愛妻のピアニストと国際室内楽コンクールで一位を取ったが、再び突然の悲劇に見舞われる。南アフリカでの演奏旅行中、交通事故で妻と愛用のチェロを失ってしまったのだ。自らも重症を負って再起不能状態に。しかし、巨匠ロストロポーヴィチらの支援で再び復活したのだった。

こうした波乱の人生を熱く語りながらも、完全に克服しているのだろう。温かさと静けさがあった。私は5月28日に予定されるコンサートがとても楽しみになった。演目はグラズノフのバレエ音楽「ライモンダ」、ショスタコーヴィチのチェロ協奏曲第1番、ラフマニノフの交響曲第2番だった。ロシアの作品は知らないものが多いが、是非聞いてみたいと思った。

ところが、3月11日、東日本大震災が起きてしまう。衝撃と不安と混乱のなかで、来日を予定していた音楽家や音楽会そのもののキャンセルが続出した。国際会議も軒並みキャンセルとなった。それでも、私は約束してくれたチケットを心待ちにしていた。だが理由は明らかにされないまま、クニャーゼフは来日せず、演奏会には別のチェリストが来ることになった。福島の原発事故があったからだろうか。チェルノブイリを経験している国の人だけに、そうだとしても無理からぬことだと思ったが、とても残念だった。ただ、もう日本には来てくれないのかと思ったら、2014年に来日してコンサートを開いたことが分かった。You Tube を見ると、魂が揺さぶられるような激しく情熱的な演奏をしている。いつか生の演奏を聞いてみたい。

クラシックの音楽家では、もうひとり通訳をしたことがある。現代の中国を代表する作曲家・指揮者のタン・ドゥン（譚盾 Tan Dun）である。2005年2月、『N響アワー』に出演する際のインタビューだった（ただ実際にはインタビューの部分は放送されなかった）。

タン・ドゥンは文革で強制労働を経験するが、後に中国音楽院に学び、コロンビア大学への進学を機に渡米する。以後はアメリカに在住しながら、伝統的ではない打楽器の多用や特殊奏法など、民族主義と実験精神を融合させてきた。その音楽は、現代音楽のシーンにしばしば登場する。1997年7月1日の香港返還の式典では、作曲した「交響曲1997天地人」が演奏された（初演はヨーヨー・マ）。

インタビューでは、騒音のように聞こえるものでも美しい音楽になる、指揮者と作曲家は音楽を作るという点で、自分にとっては同じように創造的なことだと言っていた。中国人の作曲家と聞いてもイメージが浮かばなかったが、タン・ドゥンは英語が流暢な、フランクな感じのする音楽家であった。中国にもこんな音楽家がいるのかと新鮮だった。なお、2008年北京オリンピックの開会式では、タン・ドゥンが作曲したシンフォニーが演奏され、その他、映画音楽でグラミー賞やアカデミー賞も受賞している。

こうして、音楽の専門家でもない私が3人の世界的音楽家の生の声を聞く機会を与えられたことは幸せだった。共通点は背景が多様であること。国境がないと言われる音楽の世界でも、それぞれの個性や民族性を発揮していること。英語が共通語になっていること。私自身が英語でなんとかコミュニケーションを取れるようになってこその仕事である。巨匠となり、キャリアの最盛期を迎えた音楽家に一期一会で接することができたのは、通訳冥利に尽きることだった。

英語のワンポイント・レッスン

音楽用語

チェリスト：cellist
チェロ：cello
何を言えばいい？：What do you want me to say?　ヨーヨー・マの言葉です。直訳すると、あなたは私に何を言って欲しいですか？　want（欲する）のこういう使い方は意外に難しいです。
指揮者：conductor
交響曲：symphony
作曲家：composer
受賞する：win a prize, get a place, be awarded a prize
１（２,３）位になる：win the first (second, third) place
国境なき音楽家：musicians without borders　国境なき……というと、真っ先に思い浮かぶのが「国境なき医師団」でしょう。これはフランスで作られた組織なので、medicins sans frontieres といい MSF と略されます。英語に訳すと doctors without borders。これが他にも応用され、国境なき記者団 journalists without borders などの組織もあります。また参考までに、国境なき世界はborderless world。
一期一会：a once-in-a-lifetime opportunity (chance, experience) 定訳を覚えるのが一番ですが、すべてを記憶することはできないので、四字熟語を訳す時は、日本語での意味を考えて英語にするといいです。

Ⅱ　同時通訳が見た世界と日本

グローバリゼーションは終わった!?

イアン・ブレマー氏にインタビュー

アメリカ気鋭の政治学者で、コンサルティング会社ユーラシア・グループの社長でもあるイアン・ブレマー（Ian Bremmer）氏が、2011年リーダー不在の世界を「Gゼロ」として提唱すると、世界は新鮮な衝撃を受けた。誰もが今の時代をアメリカと中国のG2時代だと思っていたからである。翌年、そんなブレマー氏に対する雑誌インタビューの通訳依頼が来た。私は旬の論客との仕事にワクワクした。

だが、インタビューはロンドンの事務所と電話をつないで行なうという。以前は電話会議というと、音声に不安があり、できればやりたくない仕事のひとつだったが、最近は通信が飛躍的に改善され、スカイプなどを利用したテレビ会議や電話会議でも音声が悪いことはあまりない。それでも、私の中では一抹《いちまつ》の危惧があった。通訳者にとって音は生命線だからである。

そして、いやな予感が的中した。最初の一声に、日本側の関係者は全員固まった。音が完全に割れていて、何を言っているのか分からない。私は少しでも音を拾いたくて、電話機のスピーカーに前のめりになった。「これではできません」という言葉をかろうじて呑み込み、しばらく耐えた。

珍しいくらいひどい音声は、その後も大きくは改善されなかった。が、まず、ブレマー氏に音声が悪いので、ゆっくり話してほしいと頼んだ。これに応えて、普段は早口のブレマー氏が減速してくれた。しかも、幸いなことに、日本側の事前準備が行き届いていた。ブレマー氏にはあらかじめ質問表を送ってあったし、インタビュアーは入念な下調べをしてあった。私も送られた資料を丹念に読んでいた。それに、明確な主張を持ったブレマー氏の話は、そもそも論理的である。最初は点のようだった音が、徐々につながり、意味を成していった。

Gゼロ時代の到来

その時のブレマー氏の論点をまとめると、以下のようになる。アメリカ主導のグローバリゼーションは終わった。世界を主導するのはG７でもG20でもなく、米中のG２でもない。アメリカが自国の問題に手一杯で、世界を主導する意思を失うなか、新興国はたとえ経済成長を続けられても、地球規模の問題には関与する意思も能力もない。国家資本主義に邁進する中国は欧米のルールで振る舞う気はなく、今後、米中の対立は深まる。Gゼロ後の世界では、各国がピボット（状況に応じてつき合う国を変える）国家となって、分野別にさまざまな利害を組み合わせた国家グループを形成していく。日本、イギリス、イスラエルは、周辺国との軋轢を抱え、孤立する恐れがあるが、日本は歴史問題などに拘泥せず、TPP（環太平洋経済連携協定）に参加して、地域で中心的な役割を果たすべきだ――。

日本が、「グローバル化、グローバル化」と言って騒いでいるうちに、アメリカ主導のグローバリゼーションは終わったというのだから、驚きである。

しかし、その後の世界の流れを見ると、ブレマー氏の卓見ぶりがうかがえる。まず米中関係では、中国の習近平国家主席がアメリカを訪問し（2013年）、大国同士の関係構築でG2をアピールしたかに見えたが、直後にサイバー攻撃の暴露話が出た。2015年の習氏の訪米もアメリカに歓迎ムードはなく、外交的失敗とされた。アメリカが、外交面ではアジア回帰・リバランスと言いながらも、ウクライナ（ロシアによるクリミア併合後、東部でも親欧米派と親ロ派の戦闘が続く）問題や、イスラム過激派組織IS（イスラム国）対策に追われるなか、中国は海洋進出を進める。

黙っていられなくなったアメリカが、表面的には北朝鮮対策としながら、韓国に迎撃ミサイル・システム（サード、ＴＨＡＡＤ：Terminal High Altitude Air Defense 高高度迎撃ミサイル）を配備する計画を発表。中国とロシアが猛反発した。気候変動問題では、ＣＯＰ21（２０１５年・第21回国連気候変動枠組み条約締約国会議）で、米中は協力する姿勢を見せたが、まさに友を装う敵対者といえる（frenemy という。friend〔友〕と enemy〔敵〕の合成語）。

また、「アメリカ主導のグローバリゼーションの終焉」を示す兆候は、実は他の面からも出ているといえるかもしれない。２０１１年9月にニューヨークで始まった「ウォール街を占拠せよ」運動が、そのひとつだ。「我々は99％の側にいる」と主張し、２００８年のリーマンショックで露呈した金融資本の強欲さと格差社会を批判した。ブレマー氏は、アメリカ主導のグローバル化について、経済中心に論じてはいないが、この言葉を経済面から解釈すると、実は１％が利する仕掛けと言い換えられないか。とすると、その終焉とは１％が利する仕掛けの終わりを意味する。

実際には、この仕掛けは、まだまだ終わっていないし、格差はむしろ広がっているが、現代人の多くが息苦しさに耐えられず、何かが、どこかがおかしいと感じていることが、この運動を拡散させたのだろう。

こうした流れのなかで、フランス人経済学者トマ・ピケティ（Thomas Piketty）氏の新刊書『21世紀の資本論』（２０１４年）が世界的ブームになった。ピケティ氏は20か国以上の3世紀以上にわたるデータを集め、「貧富の格差拡大が資本主義市場経済に内在する」ことを論証してみせた。世界各国で格差が広がることに警鐘を鳴らすものとして大きな注目を集めた。

また、アメリカ大統領選（2016年）の民主党候補指名争いでは民主社会主義者を自任するサンダース氏が粘りを見せた。これも99%派の流れが途絶えていないことを示唆する。

これからの世界

今や、ブレマー氏は世界の地政学的リスクを語らせたら、この人を措いていないという ほど、世界中で引っ張りだこだ。私もインタビューの仕事以降、ずっと注目してきた。だから、日本のある証券会社が主催する講演会（2015年12月）があると聞いた時は、早速申し込んだ。その直前にパリで同時テロが起きている。何かヒントはないか。ともかく話を聞きたかった。700人の定員に2100人以上の応募があったというが、私は抽選に当たって席を取れた。

壇上のブレマー氏は、聴衆を指さすといったちょっとした身振りや歩き方などが、アメリカの洗練されたスピーカーによく見られる〝練達の講演者〟になっていた。

以下、世界情勢を俯瞰できるので、ブレマー氏の分析を伝える。

地政学的リスクの第一は、大西洋をまたぐアメリカと欧州の関係（transatlantic relations）が揺らいでいることだ。いわく、イギリスは中国を見つめている。インフラ投資にチャイナ・マネーが必要だからだ。この際、中国の人権侵害も海洋進出もサイバー攻撃も脇に置く。フランスはロシアと接近。パリ同時テロ後、オランド大統領が真っ先に協力を求めた先は、ウクライナ併合で制裁が課されているロシアだった。シリア難民の受け入れに窮したドイツも、「多額の支援とトルコのEU加盟交渉の促進」を条件に、トルコに協力を求めた。なお、アメリカはヨーロッパの難民問題には関心を示さない。

リスクの第二は中東である。シリアやイラクにおけるＩＳの勢力拡大。アメリカは有志連合による空爆を実施するも、軍事的解決の望みは薄い。ブレマー氏は、対策として、シリア、イラク、イエメン、アフガニスタンにスンニ派の地区を作り、経済的に解決すること。スンニ派の男たちに機会を与え、仕事と楽しみを与えることを提案していた。一考に値する。

中東では、他にサウジアラビアが懸念される。すべてを石油に依存してきた国で、原油価格の下落は予算の減少、ひいては体制の正当性（legitimacy）への疑義につながる。中東で、唯一期待が持てるのはイラン。制裁解除後の見通しは明るいが、これはむしろ例外である。

一方、地政学的にチャンスがあるのは南北アメリカである。カナダには不安定感がないし、メキシコは次の先進国として期待される。キューバもアメリカと関係正常化が進んだ。汚職問題に揺れるブラジルは混乱に陥っているが、時間がかかってもブラジルは好転すると見る。

また、アジアも比較的安定している。中国、日本、インド、フィリピン、インドネシアでは、長年の構造的不均衡が緩和されつつある。中国の海洋進出はあっても、どの国も軍事的紛争は望んでいない。北朝鮮はリスクだが、日中韓の首脳会談が成立するなど、アジアは安定感が増している（本当?）。

この中で、世界最大の外貨準備高（3・5兆ドル）がある中国は、自由主義でも民主主義でもなく法治も危ういが、今なお、どこにでも小切手を切って戦略を仕掛けられる唯一の国だ。

リーダー不在の世界となったことで、アメリカだけでなく、各国が国としての力を失いつつあり、問題に対処できなくなっている。これは危険だ。そのためISの台頭を許してしまった。

一方、その結果、他の組織が相対的に力を増している。たとえば、カトリックのフランシスコ教皇は精力的に政治的発言をし、行動し、人気もある。COP21では、マイクロソフトの創業者ビル・ゲイツ（Bill Gates）氏が民間企業のCEO（最高経営責任者）を引き連れて参加。利権に縛られて推進しきれない政府をしり目に、再生可能エネルギーへの投資を促すためだった。

話を聞いて、これまでの常識が通じない世界に入ったことを改めて認識させられた。ブレマー氏の著書のタイトルである、Every Nation for Itself（『「Gゼロ」後の世界』〔邦題〕）の通り、「あらゆる国が自国のため行動する」状況が如実になっている。

ただ、講演にあえて反論すると、日本も含めたアジアが比較的安定しているというのは、少々違和感を覚えた。ブレマー氏のような分析のプロでも、日本の証券会社主催の講演会となれば、主催者に不利になるようなことは言わないのは当然か。他方、全く逆の見方も成り立つ。主催者を立てるなら、もっと日本を持ち上げ、日本経済への投資の可能性を強調してもいい気もする。だが、日本については、アジアにおける相対的安定という文脈で、さらりと触れただけだった。このあたり、いかようにも深読みしたくなる。

世界に目を転じれば、テロや銃乱射事件が頻発して恐ろしい。何やら不安がいっぱいで先が見通せない。ブレマー氏の講演に人が殺到したのは、ヒントが欲しかったからだろう。以前にブレマー氏の通訳をしたことは私の誇りであり、今回もさすがに見事な分析だった。

ただ、南北アメリカとアジアが明るいとの発言をそのままに受け止めきれない自分がいた。それでも、私がブレマー氏のファンであることに変わりはない。これからも一人勝手のブレマー・ウォッチャーは続けさせてもらうつもり。

英語のワンポイント・レッスン

ニュースにも出てくるブレマー用語

Gゼロ、G0：Group of 0（Group of zero）という意味です。Gをgreatとかglobalとか思う人がいるので、要注意。日本の伊勢志摩サミット（主要国首脳会議）に集まるのは、G7（Group of seven）で、日本、アメリカ、イギリス、フランス、ドイツ、イタリア、カナダです。日本は、1975年の第1回サミットから参加していますが、当初Gをgreatだと思った日本人は多く、ようやくgreat nations（偉大な国々）に仲間入りしたと思ったのでした。ロシアは、G8（Group of eight）としてサミットに参加していましたが、クリミア併合をきっかけに、参加資格を停止されています。

G20（Group of twenty）は、先進国と新興国を合わせた20か国・地域を指します。もはや、世界の問題を先進国だけでは解決できなくなったとの判断から、新たに結成されました。

アメリカ主導のグローバリゼーション：America-led globalization アメリカ主導のグローバリゼーションは終わったかもしれませんが、日本が本気で世界と関わっていくには、情報は必須です。ここでちょっと宣伝すると、BBCやCNNなどの番組は一見（わたし的には“一聴”）の価値があります。

pivot state：ピボット国。片足を軸にして状況に応じてつき合う国を変える国家。ブレマー氏が新しい意味をこめてpivotを使い始めたからか、Obama's new pivot toward Asia（オバマの新たなアジア重視・回帰）という表現が出てきています。

rebalance：リバランス。意味は、バランス調整、再均衡。オバマ政権の政策の時は、訳語を当てていません。外交・軍事の重心をアジア太平洋地域に移す政策を指します。

JIBs：孤立化しそうなJapan（日本），Israel（イスラエル），Britain（イギリス）の3か国の頭文字を取った略語です。EU離脱の決定で、イギリスの孤立が鮮明に。

「アンダー・コントロール」と「トラスト・ミー」

安倍首相の希望的観測

イギリスの政治経済誌 The Economist（エコノミスト）は、英米の知識層からの支持も高く、特にその表紙の風刺的センスには定評がある。ある時、"Everything's under control"（すべてコントロール下にある）の文字が飛び込んできた（2016年1月16日号）。隣には、目をむき、火を吹きながら一気に下降していく暴れ龍に乗った中国の習近平国家主席が、振り落とされまいと手綱を取る漫画が描かれている。その「心」は、人民元や市場が不安定化し、経済減速が鮮明になるなか、習近平氏も実は戦々恐々としながらも「すべてコントロール下にある」と嘯《うそぶ》いているというものだ。

コントロール下（アンダー・コントロール）……。どこかで聞いたことがある。そう、安倍晋三首相の発言である。2020年オリンピック招致のための最終プレゼンテーションで、安倍首相は福島第一原発への懸念を払拭させようと、世界に向けて"The situation is under control.”（状況はコントロール下にある）と宣言したのだった。東京オリンピックの開催は朗報でも、これはいくらなんでも言いすぎではないかと思った人も多いのではないか。激怒した福島原発の作業員は、「ヘリで飛んできて帰る人には分からない。防護服を着て、3、4日現場に出てもらいたい」と言ったという。

汚染水に関しては打つ手がないのは明らかなのに、首相はそれを“Let me assure you.”（私が保証します）とまで言い切った。しかし、これが功を奏したのか、東京オリンピックが決まった。福島原発は現在もアンダー・コントロールとは言えない。これが希望的観測であることをみんな知っている。が、この発言に対する批判が拡大することはなく、オリンピック開催決定の興奮の中で影を潜めていった。

でも、私は『The Economist』の表紙を見た時、直観的に世界は忘れてはいないと感じた。この表紙は中国を揶揄《やゆ》し、皮肉るものだが、安倍首相の発言をもじったものだろう。残念ながら、コントロール下にないものをコントロールされていると言ったことで、漫画に借用された気がする。

第2次安倍内閣が始まって間もない時期に、安倍首相がアメリカを訪問し（2013年2月）、バラク・オバマ（Barack Obama）大統領相手に当意即妙な応対をしたというのが伝わった。新聞などによると、安倍首相はオバマ氏にゴルフクラブをプレゼントし、かつて祖父の岸信介首相がアイゼンハワー（Dwight David Eisenhower）大統領とゴルフをしたエピソードを伝えた。

どっちが勝ったかを尋ねたオバマ氏に、安倍首相は国家機密だと冗談で答え、さらに“Get in the hole. Yes, we can!”（ホールに入れよう。我々ならできる！）と言ったという。今回の会談で成果を出そうという意味だが、ゴルフ好きのオバマ氏の目が輝いたという。わざわざ「イエス、ウィキャン（我々ならできる）」とオバマ氏の有名な選挙フレーズまで入れて、リップサービスしている。私は「アベノミクス」には当初からなじめなかったが、それでも、日本の首相がアメリカの大統領を相手にスマートな対応をしたと聞いた時は、拍手する気持ちが湧き、今後に期待もした。

だが、その後の安保法制の施行や改憲の動きを見ると、期待は不安と不信に変わってきている。さわやかな夢を象徴するはずのオリンピックも不首尾が続き、最近では招致のための莫大な贈賄疑惑まで発覚している。最高責任者であることを強調する安倍首相は、この件でも「状況はコントロール下にある」と言うのだろうか。

「トラスト・ミー」は批判に値する？

これと対照的に思い起こされるのは、政界を引退した旧民主党・鳩山由紀夫元首相の

「トラスト・ミー（Trust me.）」である。２００９年11月に来日したオバマ大統領に対して、当時の鳩山首相は米軍普天間飛行場の移設問題をめぐり、「トラスト・ミー（私を信頼して）」と言ったといって問題になった。結局、鳩山氏は有効な手を打てず、沖縄県外への移設を断念。退陣に追い込まれた。

ネットでざっと調べてみても、「トラスト・ミー」は批判ばかり目につく。重い語感があるのに認識していない、こんなに確約度の高い言葉を使ったのは間違いだ。論拠は英語のネイティブに聞いてみたというのが多く、中には聖書を引用して神との信頼関係を論じたものまである。

だが、そもそもこの「トラスト・ミー」は公式会談の発言ではないし、それほど重い意味を込めたものだったのだろうか。私はそうではないと見ている。鳩山氏は「自分を人間として信頼して。精一杯取り組むから」と言いたかっただけではないのか。いわば、「頑張りますので、よろしくお願いします」の別バージョンのようなものだと私は理解した。

日本人は「よろしくお願いします」のようなことを言わないと会話を収められない。そういう点でやや日本的な使い方だったかもしれないが、だからといって総攻撃には値しない。今や英語は世界中で使われる国際語である。仮にトラスト・ミーに重めの語感があったとしても、外国の首相の英語を、自分たちの基準でのみ断じられないことくらい、アメリカ側も承知しているはずだ。もし分からないようなら、伝え直せばいい。異文化間コミュニケーションとはそういうものだろう。

ただ、当然のことながら、アメリカは自国の望む政策を日本がすることを期待しているので、実行されなければ不満だろう。が、当時、約束違反をしてオバマ氏の信頼を失ったと騒ぎ立てたのは、むしろ日本のマスコミのほうだった。私は、この一言で袋叩きにされている鳩山氏が気の毒だった。他方、鳩山氏自身、留学もしていて英語の分かる人だし、民主党にも英語の練達のブレーンがいるだろうに、なぜ有効かつ強力な反論をしないのか、とても歯痒《はがゆ》く思われた。

こんなふうにあれこれ思うのは、実は私は首相になる前の安倍さんにも鳩山さんにも仕事を通じてお会いしているからである。第1次安倍内閣前の2005年3月に、安倍さんが女性経営者の集まりで基調講演をされ、私が外国の来賓向けに同時通訳した。かなり早口なので、内心、「待ってー」と叫びながら追いかけたのを憶えている。

また、鳩山さんのほうは、2004年の3月、副代表だった鳩山さんをはじめ民主党の方数人が外国の通信会社のプレゼンを聞くことになり、通訳に行った。鳩山さんは、周囲の人に「英語ができていいですね」と言われると、「そんなことないよ」と照れくさそうにしていた。

一度でも通訳をすると、通訳をした相手のその後の動向に目が行く。2人はその後、首相となったが、政治家としての評価は現在のところ明暗が分かれているように見える。英語表現に限るには複雑すぎる政治事情があるにせよ、アンダー・コントロールとトラスト・ミーに対する扱いがこうも違うのは、一体何に起因しているのだろうか。私には理解しにくい。

指導者の英語と魅力

政府首脳の公式会談では、言語上どちらかが有利にならないように、必ずそれぞれが母国語を使い、通訳をつける。面倒な問題が起きたら通訳者のせいにするなど他の活用法もある。通訳をする者としては辛いが、過去にはそうした事例がある。背景には、親戚筋の言語は別にして、他言語の習得は至難の技という事情もあるかと思う。

とはいえ、実用語としての英語がここまで普及すると、英語が使える利便性は無視しがたく、英語のできる指導者も実際に増えていると思われる。IMF（国際通貨基金）のトップとなったフランスのクリスティーヌ・ラガルド（Christine Lagarde）専務理事も、英語ができるということが就任の際のポイントになったことを思い出す。また、政府高官の会合などで、相手側に母国語と英語の通訳、こちら側に日本語と英語の通訳がつき、双方が英語を介して話すような場合、私自身、「おやっ、珍しい」と思うくらいである。

では、対外関係において、日本の指導者に求められる資質とは何だろうか。英語力も含めてスーパーな人物であってほしいと思う反面、私が仕事を通じて感じる魅力的な指導者というのは、まず語るべき中身があること、それをまず母国語で明確に語れることである。

英語のプレゼンテーションを外国のコンサルタントから学ぶことも洗練さを磨くうえで決して悪くないが、やはり内実があることが一番である。そういう方の通訳はしやすく、通訳というパイプを通していても、相手に話が浸透していくのが分かる。通訳者が喜びを感じる瞬間でもある。また、日本的な奥床しさや配慮があること。対面した相手に位負けしないこと。さらには、相手国の国民の共感までも得られるような一言を、英語に限らず相手の言語で語れれば、一層魅力が増す。これはビジネス界の良きリーダー像とも重なる。

私は、国民は指導者に多くを望み、正しい方向に率いて欲しいがために批判もするが、外国と対峙する時は、オリンピックの観戦さながら、主義主張を超えて自国の指導者を応援すると思ってきた。時には多少ウソが混じっても、国益のために手練手管を使うこともあろうかとは思う。でも、希望的観測を事実と言ってはいけない。応援しきれなくなってしまう。指導者の発言は重く、世界は記憶している。The Economist の表紙はそういう当たり前のことを思い出させてくれた。

ごく最近、『「対米従属」という宿痾』（鳩山由紀夫・孫崎享・植草一秀著、飛鳥新社）を目にする機会があった。ここで鳩山氏自ら、「トラスト・ミー」について語っている。食事の最後に通訳もいないところで、「俺を信じてほしいという意味で言った」と書かれていた。

英語のワンポイント・レッスン

よろしくお願いします

よろず良きようにと願い、頼む、「よろしくお願いします」は、日本人の大好きな言葉です。とても便利な万能表現ですが、英語に訳しにくい日本語の代表格です。この言葉を使いたくなったら、その場に合った具体的な内容を盛り込むと英語になります。

I hope you will take care of it.（ケアしてくれることを願う）。I'm looking forward to working with you.（一緒に働けるのを楽しみにしている）。Thank you for your cooperation in advance.（ご協力に前もってお礼申し上げる）。Nice meeting you.（お会いできてよかった）。I hope you will be supportive of my son.（息子にご支援をお願いしたい）。こういうことが、日本語ではみんな「よろしくお願いします」となりますね。

ケニヤ大統領の都内視察に同行

通訳は世の中の動きを直接反映する

ケニヤのウフル・ケニヤッタ（Uhuru Kenyatta）大統領が、2015年3月に日本を公式訪問した。仙台で行なわれる国連防災会議に出席するのが主な目的であるが、その間に2国間会談や視察も行なう。私はケニヤ大使館からの依頼で、視察の同行通訳を務めた。

最近は、とみにセキュリティ（警備）がうるさくなっている。ましてや外国の国家元首となれば、当然、厳重な警備が敷かれる。そのため、今回も一部の視察先を除いて、直前まで詳細な日程が明かされなかった。「事前準備が命」の通訳者にとって、これはなかなか厳しい。通訳 unfriendly（通訳に優しくない）な状況だ。

また、当日も日本駐在のケニヤ大使の誘導で、警備関係者に私の「面通し」もあった。通訳者は、大統領のすぐそばに貼りつくことになるので、警備が認識しておく必要があるという。それはそうだろう。こちらも怪しい人物として取り押さえられては大変だ。だが、これまで要人の通訳をしても、ここまで警備に神経を使っていただろうかと思い、改めて、現在の世界情勢や、情報の非開示性（特定秘密保護法なども関係するか）を思った。

だが、ケニヤがテロに神経質になるのは無理からぬところがある。２０１３年には首都ナイロビの高級ショッピングモールで、ソマリアのイスラム過激派組織アルシャバーブ（Al Shabaab）によるテロ襲撃事件があり、67人が亡くなった。同じく、２０１５年には東部のガリッサ大学もアルシャバーブの襲撃を受け、１４７人が犠牲となった。また、テロではないが、２００７年の大統領選では、選挙結果をめぐる与野党支持者の衝突から、１１００人以上の死者が出ている。

背景には、中間層が形成される中進国への途上にあるケニヤは、部族間対立が激しく、貧富の格差から社会不安が強いことがある（２０１５年の失業率40％）。当時、副大統領だったケニヤッタ大統領が、この時の暴動を背後で指示していたとして、国際刑事裁判所（ICC、International Criminal Court）から訴追され、現職の国家元首として初めて予備審問に出廷した（２０１４年）。なお、後に訴追は証拠不十分として取り下げられている。

そもそもケニヤッタ大統領は、建国の父であるジョモ・ケニヤッタ（Jomo Kenyatta）初代大統領を父に持つ名門の御曹司である。こうしたことから、私は漠然と権力の中枢部に長年いる人物とのイメージを持っていたので、今回の仕事には、セキュリティも含め、背筋を伸ばして臨んだのだった。

一行は20人くらいで、次世代を思ってか、大統領の若い子息も加わっていた。実際の仕事は友好のうちに進む。ケニヤッタ大統領は、「ゆりかもめ」の視察では、ナイロビに導入する可能性を念頭に、熱心に話を聞く、好奇心いっぱいの方だった。沿線の豊洲で見た魚市場建設の大型工事にも関心を示した。私が「完成時には、またいらしてください」と申し上げると、嬉しそうにされた。すべての日程が滞りなく終わると、私にも心からありがとうと言って、しっかりと握手してくださった。正直いって、ケニヤッタ大統領がこのような方だとは思わなかった。テレビの報道から想像していた〝怖しげな〟人物とは全く違った。政治も人も一様ではないことを考えれば、当然かもしれない。が、それを直接感じさせてくれる貴重な機会となった。

一方、時折、こうした首脳クラスに接すると、やはり、権力者とは止められない、辞めたくない仕事だろうなと思う。いわば、皆にかしずかれ、自分のために多くの人が隙《すき》なく動くのである。いやが上にも、自分が偉くなった気になるだろう。そうした応対を受けることの背後にある責任の重みを忘れがちになるのも、分からなくもない。権力というのは、他者より優位に立ち、他者を従わせることを快感とする人間の性《さが》に根差すものだけに、これを御するは難しいかと思う。

また、今回の仕事で新たに発見したことは、日本側が積極的に英語を使おうという姿勢を見せたことだった。視察先の「ゆりかもめ」や「東京みなと館」では、英語によるプレゼンテーションが行なわれた。これまでも、日本側が英語でプレゼンをするのは見てきたが、時にはその場を使って「練習」しているのではないかと疑問に思うこともあった。だが、急速に進歩しているようだ。とてもいいことだと思う。

ただ、さらに説得力のあるプレゼンをし、いいコミュニケーションを取っていくためには、「型通りの作成原稿を読み上げない」という高いハードルを越えなくてはならない。これは日本語でも難しく、言葉だけの問題ではないところが厄介だ。余計なことを言わないために、用意された原稿を読んで答える国会答弁の例からも明らかなように、無難をよしとする日本的体質・慣行から脱皮するのは容易ではない。だが、世界でアピールしていくには、乗り越えなくてはならない課題だろう。

また、英語でのやり取りが多少ずれたと思われる場面があったので、私は通訳者としてコミュニケーションを後押しするため、割って入った。日本人同士でも、コミュニケーションがかみ合わないことはあるが、外国語だと難度が上がって、ずれが生じやすくなる。そのため、最近では、通訳者を「質疑のため」とか、「困った時のため」につけるケースもある。

仕事は無事終わり、私はその後も続けてケニヤ大使館から仕事をいただいた。エージェントによると、最近はアフリカ関係の引き合いが増えているという。通訳は世の中の動きを直接反映するので、アフリカとの関係が増えていることを示唆する。グローバル化ってことだろう。

「蚊取り線香」は英語で何？

私は、2007年から、「プラン・ジャパン」という途上国支援団体を通じて、ささやかながら（毎月3000円）、途上国の子供支援に参加している。支援先の希望を、自分にとって一番遠い存在に思われる「アフリカの少年」としたところ、ケニヤの少年を支援することになった。たまに来る手紙は現地の団体の誰かが代筆しているようで、送った写真を見て（もちろんキレイに映っているのを選んだ）、「美しいので、是非ケニヤの男性と結婚して、遊びに来てください」と書いてあり、思わずにっこりとしてしまった。ところが、しばらくしたら、この少年が突然引っ越ししてしまい、支援先が変わることになった。今は絵の大変上手なジンバブエの少年を支援している。

でも、こんな経緯があって、ケニヤが身近になった。

民進党の岡田克也代表が、前身の民主党代表を辞任して、駐日ケニヤ大使と会談をした際、通訳をした（２００６年）。この時は、マラリア防止のために蚊帳がきわめて有効で、日本が支援していることを知った。小さなエピソードとしては、会話に出て来た「蚊取り線香」を英語で何と言っていいか瞬時には浮かばず、“circle against mosquito”（蚊対策のための円）と言って、手でくるくると渦を描いたことだ。正確には mosquito coil（蚊の渦巻き）というそうだが、coil（渦巻き）が出てこなかった。みんな言いたいことは分かってくれたが。通訳は一発勝負であり、あらゆる単語を知っているわけではないので、どうしてもこういうことが起きる。

英語のワンポイント・レッスン

中進国の罠

通訳unfriendly：通訳に優しくない。-friendly（〜に優しい）という言葉がよく使われるので、ここではそれをもじってみました。- friendly は、特に eco-friendly, environment-friendly, environmentally friendly（環境に優しい）としてよく使います。また環境のことを単に green と言うことも多くなっています。green policy 環境政策など。

国連防災会議：UN World Conference on Disaster Risk Reduction　防災というと disaster prevention が一般的に思われますが、「災害を起こさないようにする」という意味になるので、現実的には不可能との考え方からか、会議の名称は「災害リスクの減少に関する世界会議」となっています。私は大統領の同行とは別に、国連防災会議の仕事もしましたが、そこではdisaster reduction、disaster mitigation など「減災」という言葉が使われていました。

中進国：more developed country（MDC, semi-developed country, newly industrialized country　天然資源や安い労働力などを強みに中進国になったのに、汚職や貧富の格差などが原因で、それ以上に脱皮できない状況を、中所得国（中進国）の罠（middle income trap）と言います。

先進国：developed（advanced）country

開発途上国：developing country 最近は新興国 emerging country (economy)がよく使われます。

部族間対立：sectarian conflict　ここに出てくる sectarian は sector（部門、地域、地区）の形容詞です。ですから、sectarian conflict は「部門間の対立」という意味になりますが、これが広く解釈されて、宗教や部族など社会区分の間の対立や紛争を指す言葉となっています。

ちょっと微妙な香港

本土化へのうねり

香港の民間テレビ局ATV（Asia Television Limited）が、2016年4月1日をもって59年の歴史を閉じた。香港政府が2015年4月に、資金難に陥ったATVの継続を困難と判断し、放送事業免許の更新を打ち切る決定をしたのだ。私はNHK・BS放送で、ATV英語版ニュースの時差通訳（事前に番組の録画を見て準備をしてから通訳）を18年近く担当してきたので、しばらくは信じられなかった。現在、NHKでは、これに代わって香港TVB（Television Broadcasts Limited）が放送されているが、私は、ATVの閉鎖には政治的な動機も絡んでいたのではないかと少々疑っている。

2013年7月に香港を初めて訪問してから、この数年の間に香港ではずいぶん多くの出来事があった。2014年9月に、「真の民主主義と直接選挙」を求める「雨傘革命」が起きた。2017年の香港行政長官選挙で導入する予定だった1人1票の「普通選挙」

に対して、本土政府が、あらかじめ指名委員会による候補者の絞り込みを決定したことがきっかけだった。事実上、本土政府の意に沿わない人物を排除することになるので、10代の黄之鋒《こうしほう》氏らが率いる学生団体を中心に、主要道路を長期間占拠する抗議デモが起きた。結局、デモは香港当局によって強制排除される。それでも後の議会で、候補者の絞り込みを前提とする「選挙改革法案」が可決されるわけでもなく、選挙問題は振出しに戻った。すなわち、現行の選挙委員会（有権者登録をした住民の一部が、職能団体や社会団体から選ぶ）を通じた間接選挙が維持されたままである。また、最近では中国政府に批判的な書籍を扱う香港の書店関係者が相次いで失踪。中国の公安に連行されたとの見方が有力だ。

香港は、少し前までは金融都市のイメージが強く、政治とはあまり縁がなさそうに見えたが、思えば、こうした本土化へのうねりは、すでに訪問した時にあった。

一言でいうと、私は、それまで香港にはあまり興味がなかった。香港のイメージは密集と雑踏。今は一国二制度という奇妙な制度を取っていても、ゆくゆくは本土に呑み込まれていく中国の一部である。香港の中華料理とショッピングは有名だが、アジア特有の無秩序なエネルギーや魅力にあふれているようにも思えず、特に行きたい「外国」ではなかった。

NHKで、長年ATVニュースに関わってきたのに、この程度の関心しかなかったのは、思えば失礼な話だった。そこへ、日本企業の駐在員として、香港を拠点にアジアやアフリカ、中南米を飛び回っている友人からの誘いがあり、急遽、仲間内で行くことになった。

大規模デモ

出発を数日後に控えた2013年7月1日、香港で行政長官の辞任と直接選挙を求める大規模デモが行なわれた。数万人の住民が、中国への返還記念日のこの日に、いわば、香港特区政府の長や議員を本土のお声掛かりでなく決めたいと意思表示したのだった。

このニュースを担当した私は、香港に到着後、駐在の友人に聞いてみた。すると、ほとんどのデモが、姿や形は違っても、言いたいことはただひとつ、「中国本土に全面的に呑み込まれたくない」ということなのだという。つまり、2047年の完全返還（1984年の中英共同声明で合意）には反対なのだ。そのことはATV広東語版や新聞でも普通に伝えているという。しばし混乱する。そんなことは、ATV英語版では一度も聞いたことがなかった。

確かに、ATV英語版でもデモはよく取り上げられていた。香港政府が、本土の意向を受けて、中国国民としての愛国心を育成する「国民教育」を香港の全学校に導入しようとしたが、住民の猛反発に遭い、撤回した（2012年）。この時も黄之鋒氏ら学生が大規模デモを主導した。住民の自立意識の強さに感心したが、それでも、私は、香港は最終的には本土の経済力にひれ伏し、「寄らば、大樹の陰」的状態になりつつあると思っていた。

それにしても、ATV英語版は、なぜ「完全返還への反対」とストレートに伝えなかったのだろう。インターナショナルな視聴者には、中国に不利な情報を伝えないようにしているのかと思ったが、英語版は香港内でも流れているというので、解釈は微妙だ。後は臆測するしかないが、旅行初日から、いきなり大きな発見だった。

こんなことがあったので、当局に一定の配慮をしているように見えたATVでさえ閉鎖となったことには少なからず驚いた。だが、どこか「やはり」という思いもしたのだった。

ディープに探索

一方、香港の楽しい思い出は、今もイキイキと蘇る。

駐在の友人が、香港を知る本として一押ししたのが、『転がる香港に苔は生えない』（星野博美著）だった。大宅壮一ノンフィクション賞を受賞した、本当に面白い体験記であるが、ここに、著者が深水埗《しやむしゆいぽ》の鴨寮街《あぷりらがい》のぼろアパート（正確には、一室をさらにいくつかに区切った一部屋）を借りて住む話が出てくる。洗濯物も、スペースがないので、棒を通りに釣竿のように出して干す。住人が汚物も含めて何でも窓から捨てるので、いつ何時、何が降ってくるか分からない。ここは地元の人も近づかない警戒地域らしいが、私たち一行は探索に出た。著者の住んでいたアパートを見たかったのだ。上下左右に注意しながら歩いたが、不穏な雰囲気はなかった。

このあたりは電気屋通りで、通りをはさむ1階には商店が入っていて、その店の前の路上にも屋台がびっしり並んでいる。これが、24時間、入れ替わり立ち替わり、電気製品や部品、がらくたとしか言えない物まで何でも売っている。

香港の多数がこういう生活をしているわけではないようだが、私にとって、この密集とひしめきを体感できたのは大きな収穫だった。ニュースに出てくる深水埗という地名に息吹が入り、どんなに建物が林立していても、住宅供給不足が始終話題になっている意味が実感できた。ここは〝アジア特有の無秩序なエネルギーや魅力にあふれていた〟。

だが、香港の活力は、どうやら不安に根ざしたものらしい。かつてはイギリスの植民地であり、今度は中国に組み込まれる。自分たちはどうなるのか。お上は信用できない。カネと家族だけを頼りに、少しでもいい仕事、いい生活を求めて、猛烈に働き、動く。アメリカンドリームならぬ香港ドリームという言葉があることを知った。それでも、中国本土による統制はじわりと進む。自助努力だけではどうにもならない。もはや「政治とは縁がない」などとは言っていられない。それが、雨傘革命となって表面化したのではないのだろうか。

また、香港の人たちの親日ぶりも確認できた。みんな、日本食を食べ、日本のアニメを見て育ち、日本のファッションに憧れ、日本製品を愛好する。事実、スーパーに並ぶ日本製品には日本語のラベルだけで、広東語や英語のラベルは付いていなかった。

これを裏付けるように、帰国後に目にした日経新聞（2013年7月28日付）に、東大と香港大で、香港における「日本」の浸透ぶりを調査する共同研究プログラムが始まるという記事が出ていた。

思い起こすと、私はカナダ留学中（1980年代）に、すでに香港の人々の親日ぶりを経験していた。当時は中国への返還前で、香港から大勢の移民がカナダに押し寄せる一方、日本はバブル期で気炎を吐いていた。大学で日本語のTA（教員アシスタント）をしていた私に、日本のアイドル歌手の歌を歌ってくれたのは、日本語専攻の香港の学生だった。また、12～13歳の愛らしい娘を将来日本のアイドルにさせるべく、芸事を仕込み、さらには日本語まで習わせようと、私を家庭教師に雇った親もいた。その後、あの子がアイドルになったとの話は聞かなかったが……。

尖閣問題などで中国との緊張が続くなか、日本にとってアジアの親日派の存在は貴重だ。私たちはもっと認識してもいい。

やはり百聞は一見にしかず

香港に対して持っていた、私の貧困なイメージは、たった一回の旅でことごとく覆された。雑踏は雑踏でも、複雑な陰影があるのだ。中国との関係も一様ではない。香港の人たちは全般にやるべきことはやるが、愛想はないという印象を受けたが、こうした背景があるからなのかと思った。

また、特別気に留めていなかった中華料理が最高においしく、自分の知らない味があることを知った。ショッピングも楽しく、ご多分にもれず、ブランドのバッグなんぞを買ってしまった。ついでに、占いのメッカ・黄大仙《うおんたいしん》で手相も見てもらった。不謹慎にも寺院は参拝せず、本堂のすぐ隣にある占い専門アーケードに直行。自分のことはともかく、手を挙げて声援に答えるオバマ大統領の映像を拡大して手相をとらえ、分析してくれたのは面白かった。帰国直後、イギリスで生まれた王子の将来を占うため、黄大仙の風水師がBBCに登場すると、「ここ知ってる！」と得意に思った。

あれからは、ニュースに香港の街並みや地名が出てくると、あの独特の空気を思い出す。知識に少し血が通ったと言おうか。雨傘革命には驚愕したが、若者の必死さに打たれた。表面は、香港の民主化運動は抑えられたが、くすぶり続けていることと思う。香港にはこれからも注目！　中華料理の絶品をもう一度味わいたい。というわけで、香港はまた行きたい「外国」となった。

英語のワンポイント・レッスン

雨傘革命：umbrella revolution　抗議デモを排除しようとして、香港警察が催涙ガスや胡椒スプレーを使うと、武器を持たない無抵抗なデモ隊がこれを傘で防ごうとしました。そのため、一連の抗議デモは雨傘革命と呼ばれるようになりました。命名したのはBBCです。

表現が難しい尖閣諸島

ニュースで尖閣が出てくると緊張します。どこの国のどんな立場のニュースかで、使う言葉が違うからです。相手の言葉遣いをそのまま踏襲するのか、日本の立場で言い替えるのか。一般に、呼称は「日本名、尖閣諸島 Senkaku Islands、中国名、釣魚島（ちょうぎょとう）Diaoyu Islands」と併記します。また、海外のニュースでは territorial disputes over the islands in the South China Sea（南シナ海の領有権争い）、the islands which are claimed by Japan and China（日中が領有権を主張している島）などと言いますが、日本は領土問題はないとの立場なので、領有権争いとは言わず、「南シナ海の島をめぐる争い」などと、ちょっと苦しい表現を用います。

オランダ・ハーグの仲裁裁判所が、2016年7月12日、南シナ海のほぼ全域を領海とするとの中国の主張を認めない判断を下しました。中国は当然、猛反発しています。

「おいしい oishii」を国際語に！

「商標登録するといいね」

海外に出ると、自分が日本人であることを自覚させられることが多い。そのひとつに食がある。今や死語に近いが、いわゆる〝西洋かぶれ〟した日本人でも、一定の年齢まで日本で過ごした人なら、自国の食文化の牽引力がいかに強いか感じると思う。

私自身、カナダに留学した20代の頃は、最初の数か月間、日本食を食べなくても何とも思わなかったが、その後は急速に日本食回帰が進み、誰かが日本食をご馳走してくれるといえば、飛んで行った。その傾向は、2度目の海外となったロンドンで一段と鮮明になり、日本食以外では、親戚筋にあたるアジア（中華、韓国、タイ、ベトナムなど）の料理に傾倒した。これは、海外在住の日本人の一般的傾向で、当時ロンドン郊外にあったヤオハンで高級食材の日本食を買い過ぎる「ヤオハン貧乏」という言葉があったくらいだ。そして、多くが、最後は、日本食はおいしい、世界に通じると確信するに至るのである。

2013年11月1日に、ホテルオークラ東京で、「〝おいしい〟 to the world（世界に〝おいしい〟を）」と題する夕食会が開かれた。農林水産省が、「食と農林漁業の祭典」のキックオフ・イベントとして、在京の134か国・地域・代表部の大使や農林水産物等輸出促進全国協議会の関係者などを招待し、日本食の魅力を世界に発信しようという企画だった。前の部では、協議会の総会が開かれ、国別・品目別輸出戦略の説明があり、日本食海外普及功労者の表彰・講演などもあった。

夕食会には、オリンピック・メダリストの三宅宏実選手（重量挙げ）と室伏広治選手（ハンマー投げ）も招待されていて、会は、室伏選手が英語で乾杯の音頭を取って、華やかに始まった。私は農林水産省の吉川貴盛副大臣に付いた。吉川副大臣は、主にアフリカ・オセアニア地域の大使と歓談され、ひとりひとりに「今夜は存分に日本食をお楽しみください」と挨拶された。アフリカの大使たちは、日本食の食材になるようなものがアフリカにもあるとか、南アフリカで食に関する国際会議を開くので、日本の関係者にも来ていただき、是非コラボをしたいなどと言われた。食のコラボは、今回の夕食会でも行なわれていて、日本の食材をフレンチや中華に使ったメニューもあった。ぎすぎすしがちな中国との関係も、こういう面から融和があるのかと少し明るい気持ちになった。

だが、何と言っても心弾んだのは、オーストラリア大使の言葉を聞いた時だった。大使はすでに日本食のファンのようで、一通りの歓談を終えて、吉川副大臣が会話の場から一歩離れた瞬間に、もう一度「おいしい」を口にされた。私は（通訳は自分の意見を言う立場にはないのだが）、何も答えないのは失礼な気がして、つい「おいしいを国際語にしたいです」と言ってしまった。大使はにっこりして「商標登録するといいね」と言われた。おお、同感である。

日本語の「かわいい」は、今やアジアの女性たちの間で、ファッションや女性の魅力を表すキーワードである。また、「もったいない」も、2004年にノーベル平和賞を受賞したケニヤの環境活動家ワンガリ・マータイ（Wangari Muta Maathai）さんが、環境保護運動の合言葉に使ったことで、世界に広まった。次に国際語となる日本語は、「おいしい」かもしれない。

日本食は、今や人気ナンバーワン

外国人に、刺身（raw fish 生の魚）なんて気持ち悪いと拒否されたのは、どのくらい前のことだろうか。2012年、日本に帰化した日本文学研究の大家ドナルド・キーン（Donald Keene）氏は、著書（『日本から世界へ』カセット付）で、1950〜60年頃の日本では、日本語を話す外国人は驚嘆の的で、その後は決まって、刺身は食べるか、いくらと日本の珍味について次々と聞かれたと語っている。日本食は、その後日本の経済力とともに認知度を高め、健康的なイメージと相まって世界に定着した。(salmon roe)は? うに(sea urchin)は?

私がカナダのバンクーバーに留学した1980年代後半は、北米で最初の日本ブームが巻き起こり、後に日本に逆輸入されるカリフォルニアロールやサーモンのすしが創作され、スシ・バーは人気の高級レストランとなった。また、現地でお世話になった人たちのために、私なりに天ぷらやすき焼きを作ると、それはそれは喜ばれた。中には料理好きの女性がいて、後にすき焼きに挑戦。私を招待してくれた。ただ少々面食らったのは、私が最初にたまたま味噌汁も合わせて出したのをまねて、すき焼きには必ず味噌汁を付けると思いこんだことだ。苦笑してしまったが、文化伝承は「こうしてずれていく」ということを直に体験した。英語が拙くとも、おいしいものは人を惹きつける。食はコミュニケーションの最強ツールとなる。

ジェトロ(日本貿易振興機構)によると、日本食は今や主要国の中で人気1位だと言う。だが、この時に行なわれた記者会見では、林芳正農林水産大臣は厳しい面を強調した。「フレンチやイタリアンなどに比べると、輸出規模がまだまだ小さく、5000億円の壁がなかなか破れない。輸出規制、2国間貿易の取り決め、3・11の影響などが原因だが、この壁を破るため、国別・品目別に優先順位を決めて取り組んでいる。また、イスラム教徒に配慮したハラル（イスラムの教えに則って処理された食品）にも注力し、2020年までには輸出を倍増したい」と言っていた。

だが、このイベント直後の12月に、「和食」のユネスコ無形文化遺産への登録が正式に決まり、これが世界的な日本食ブームへの大きな追い風となった。破れないと思っていた壁も軽くクリア。2014年は6117億円、2015年は7452億円と急増している。

少し前に、韓国政府がドラマやKポップに続いて、韓国料理を世界にアピールしようと世界の一流シェフを韓国に招待し、BBCがこのニュースを取り上げていた。通訳に入っていた私は、日本の対策が後手に回っているのではないかと不安に思った。だから、食に関するさまざまなプロモーションが成功し、日本食が世界に広まるのは喜ばしい。

しかし、こうした明るいニュースの背後にも、TPP（環太平洋経済連携協定）、農業保護、関税といった難題が控えている。TPPは難航の末、2015年に締結され、日本もアメリカも批准を待つだけとなった。だが、アメリカの次の大統領が誰になるかによっては、TPPの見直しもあり得る。日本も審議が遅れている。コメについては常に聖域と関税撤廃のはざまで論争の的になってきた。日米両国ともそれぞれの事情があって、自由貿易をもたらすと言われるTPPが必ずしも国民の幸福につながらないとの意見がある。各国政府の権限がグローバル企業の手に移ってしまうのではないかとの危惧もある。

私は、個人的には日本のコメや水田は守るべき特別な価値があると思っている。だが、だからといって、このままでいいとも思えない。父の本家は福井県のコメ作農家だが、減反に続く減反で田んぼは縮小し、最近ではニンニクの栽培に力を入れるなどして一定の成功を収めているものの、別に本業を持っているし、次世代が先祖伝来の家や土地、家業の農業を継ぐかどうかも分からない。これを見ていると、農業を若者にも魅力的な高収益構造の産業にしなくてはならないと感じる。TPPがこれを後押ししてくれるのだろうか。

他方、同じ農作物と言っても、コメのような主食と商品作物では、食の安全保障上の意味が全く異なるとの指摘もある。地震などの災害時に被災者に真っ先に用意されるのは、主食のおにぎりである。農業は、安全保障や環境の観点からも、決してゆるがせにはできない問題だ。

こうした中で、世界に日本の農産物が広まり始めたということは、チャンス到来である。この流れを加速し、確固たるものにしていかなくてはならない。これが、逆境に置かれてきた日本の農業の大きな転換点になりうる。日本の農産物を世界の家庭の食卓に乗せよう。「おいしいを国際語に！」。「食で、いいコミュニケーションを！」。

英語のワンポイント・レッスン

おいしい

おいしい：It's yummy. yummyは子供が使う言葉ですが、大人も使います。おいしい時はみんな幸せなので、大人も子供も関係がないからでしょうか。他には、nice, delicious, tasty などを使います。また、I love it.（これ大好き）とか Fantastic!（素晴らしい）などとも言います。料理を作ってくれた人には、思いっきり褒めてください。

乾杯の音頭：May I ask you to join me to the toast? Will you raise the glass? Kanpai!

室伏選手の言葉です。「皆さま、ご一緒に乾杯を。乾杯いたしましょう。乾杯！」。また、乾杯の音頭を取るという時によく使うのが、I would like to propose a toast. です。もちろん簡単にCheers! でもいいですね。

日本の珍味：Japanese delicacies　日本の珍味を英語で覚えるのは大変です。今回の夕食会のメニューには、鮪（tuna）、かれい（halibut）、鯛（sea bream）、鴨（duck）、ふぐ（globefish）などが並びましたが、普通の会話では、細かい名称を英語で言っても通じにくいので、大まかに言えればいいと思います。なお、刺身は raw fish より、fresh fish（新鮮な魚）を使ったほうが、聞こえがいいかもしれません。

おいしいを国際語にしたいです：Oishii should be an international word.

商標登録するといいね：That should be trademarked.

Wow！感いっぱいのインド

危機突破はPleaseで

ＮＨＫ・ＢＳの海外ニュースには、インドのＮＤＴＶ（ニューデリー・テレビ）も含まれていて、私も日曜の早朝に時々担当する。２０１４年に経済重視のナレンドラ・モディ（Narendra Modi）政権が登場して以来、モディ政権への期待が高まり、報道も増えている。そうした中、２０１５年春ごろに、インドの潜在能力を別の面から期待させるニュースが入ってきた。ラジャスタン州の警察官採用試験で、24歳の男性が、体力テストの10キロ走で、合格基準タイムのおよそ半分の33分で走ったのだ。インド国内記録に後2分に迫る記録だった。試験官を驚愕させたのは、この男性がこれまで一度も特別な訓練を受けたことがなかったということだ。貧しいので、ただ警察官になりたくて走っただけと言っていた。人口が12億もいると統治や管理が行き届かなくて、こういう逸材があちこちに眠っているのかと驚嘆した。Wow!

２０１２年１月末から２月にかけて、友人がインドの学会で発表するというので、仲間内４人がそれに便乗してインドに出かけた。デリーから南のチェンナイに飛び、ティルマラ・ティルパティという めったに日本人の行かない町（学会の開催地）に行って、ヒンズー教の総本山を参拝。その後、グループはインド初心者組と再訪組に分かれ、初心者組はデリー経由で、世界遺産で名高いタージマハールに行くことにした。

南部訪問後のチェンナイからデリー行きの夜の便は20時15分発だった。その前に、ベンガル湾沿いのマハーバリプラムの海岸寺院を観光し、ランチとお茶をした。それで時間を取りすぎたのか、空港に向かう途中、交通渋滞に巻き込まれた。ベテランの運転手も時間を読み違えるほどで、空港に着いたのは19時45分だった。まずい状況だ。当然のことながら、空港内の事情にもうとく、あっちだ、こっちだと右往左往しながら走り、チェックイン・カウンターにたどり着いた時には、もうすでに20時数分前。出発まで17～18分だった。「出発便が近いんです」と叫んで、カウンター前に突き進むが、係りの女性はだめだという。が、後ろにいた男の上司が時計を見て首を振りながらも、手続きを指示。間に合ったかと思ったら、奥のさらなる上司の承認を得ろという。急いでカウンターの内側に入って、責任者のオフィスに駆け込む。だが、言下に「ノー！」。

ここの責任者は女性で、「今ごろ来て、何なの?」、「ふん!」といった感じで、渡した書類を突っ返してきた。余地なしの拒絶に、こちらは一言も返せず、すごすごと引き下がるしかなかった。どうしよう。この便に乗れないということは今夜はチェンナイ泊りとなる。せっかく予約した明日のタージマハール観光もおじゃん。デリーのホテルやガイドの予約もキャンセルしなくてはならない。なんたることか。頭も働かず、すぐに動きも取れず、カウンター近くから、ぐずぐず離れられずにいた。すると先ほどの男の上司が近くを通って、こちらを見た。

「あれ? だめだったのか。ちょっと可哀想だな」というような表情をしたように見えた。私は反射的に走り出した。このおじさんの優しさにすがるしかない。もう一度カウンター内にある、あの恐い上司とおじさんのいるオフィスに突進した。2人は、追っ払ったはずの3人が再び目の前に現れたことに、少なからず驚いていた。

「遅れたことは分かっています。でも、交通渋滞がひどかったんです。思ったより時間がかかってしまいました。Please! お願いです!」

私はこれまで、こんなに心と気合をこめてpleaseと言ったことはなかった。女の上司は「交通渋滞」というところで、わずかだが反応したように見えた。後で思うと、インドの交通渋滞は悪名高いから、期せずして相手の弱点を突いたのかもしれない。いずれにしろ女の上司は一呼吸おいて、忌々しそうな顔をしながらも書類にサインをし、突き返してくれた。おー、やった！ Thank you! すると、おじさん上司が「急げ！」と大きくジェスチャーした。私たちは、再び足をもつれされ、ゴロゴロする荷物を無理やり引っぱりながら、転げるように走り出した。空港は広い。人も一杯いる。おじさんは荷物検査のところまでついてきてくれて、他の客より先に行けと大声で指示し、見守ってくれた。仲間のひとりが、人を押しのけて割り込む、こんな時に“Excuse us.”（エクスキューズ・アス、私たちのことをすみません、ごめんなさい）などと、複数形を意識した妙に正しい、紳士の英語を使うので爆笑。が、笑いこけている暇はない。３人は息を切らすことさえ忘れ、走りに走った。そして8時15分、間に合ったのだった。

ちょっと脇道に逸れるが、この表現で思い出すのが、カナダ留学中に一時期お世話になったホストファミリーのことだ。ご夫婦と２人のお嬢さんがいる、仲のいい一家だったが、あるとき夫婦喧嘩が起きた。私は家族同然ではあったが、それでもひとしきり口論をした後に、バツが悪かったのか、ホストマザーが私に“Excuse us.”と言ったのだ。２人で喧嘩をしたので、Excuse me.（エクスキューズ・ミー、私のことをごめんなさい）ではなく、us を使って「私たちのことをごめんなさい」というわけだ。複数形はこういう風に使うのかと深く納得した瞬間だった。

さて、空港での危機を突破したおかげで初心者組の結束は固くなり、その後の旅も最高のものとなった。頼んでおいたガイドさんは日本語が堪能で、青空に映えるタージマハールは高雅な美術品のようで美しかった。「ナポリを見てから死ね」という言葉があるが、「タージマハールを見てから死ね」と言いたくなった。

それにしても、それなりに英語をやってきても、ここぞという時に威力を発揮した言葉がpleaseだったことは、我ながら微笑ましい。難局突破の決め台詞は簡単なpleaseでOKとも言えるし、それさえも、ある程度の実践がないと使えないのかもしれないし、すべては火事場の馬鹿力だったのかもしれなくて、分からない。ただ、あのおじさんの優しさがなければ、もう一度走ってはいけなかった。きちんとお礼を言う暇さえなかったのが悔やまれる。ただ、この出来事によって、インド旅行は「走った、笑った、突破した」の、稀に見るWow!の旅となった。

英語のワンポイント・レッスン

Wow！な旅

Wow！感：wow ワウ。驚嘆・喜び・苦痛などを表す感嘆詞です。うわ !!　やー！　ああ！　日本語の「うわー」と同じような発音なので、すぐに使えますね。また、この言葉は、新しい技術に wow factor（すごいと思わせる、驚嘆させる要素）があるかないかなどという時にも登場するなど、最近よく使われるようになっています。

ナポリを見てから死ね：See Naples and die.　これはイタリアの古い諺をゲーテが『イタリア紀行』で紹介したことから広まったとか。日本語でもそのまま使われます。なお、タージマハールの英語表記はTaji Mahal。

タージマハールは、インド北部アーグラにある、ムガル帝国第５代皇帝シャー・ジャハーンが、1631年に死去した愛妃ムムターズ・マハールのため建設した総大理石の墓廟で、インド・イスラム文化の代表的建築です。ガイドのシンさんの話では、愛妃のために巨額の建設費をかけて霊廟を建設したシャー・ジャハーン皇帝は、皇帝としては評価されてこなかったが、現在ではタージマハールはインドの莫大な観光資源となっていることから、単純な評価はできないということでした。

交渉した時のセリフ：We know we are delayed. But the traffic was terribly jammed. It took longer than we had expected. Please！

インド人に比べて日本人は幸せ？

減点主義の社会システム

空港の突破事件が、もし日本だったらと考えると興味深い。まず、空港に向かう車の運転手は、道路事情を考えて空港に相当早く着くようにするだろう。

そのため、私たちは珍しい海岸寺院を散策したり、南部最後のランチやお茶をゆっくり楽しんだりすることもなく、空港に早々と着いて、長く退屈な時間を過ごしたのではないかと想像される。空港は時間できっちり運営され、窓口はじめ上司に至るまですべての人が丁重で慇懃で、決して怖い顔をしたりはしないかもしれないが、誰もぎりぎりに飛び込んできた者を搭乗させようと、気を利かせてくれることなどないだろう。当然のことではある。

特に組織にいる日本人は、「何かがあったら、面倒だ、責任問題になる」ことを恐れている。実際に、減点主義の、責任を問う社会システムが出来上がっているから、無益なりスクを取る利点はない。だから、優しいおじさんがいようが、いまいが、怖そうな女上司がいようが、いまいが、please に気合を入れようが、入れまいが、日本だったら絶対にこうはならなかったと思う。

だが、これは寂しい話だ。何も自分が通過させてもらったから言うのではないが、このところ、日本では責任回避のための硬直的な予防策が蔓延しているように思える。現場で独自に判断することは、むしろ禁じられ、形式とマニュアルに従って対応することが求められている。そんな社会は文化や人間性の劣化につながりはしないか心配である。ここには予想外の Wow! は起きにくい。

思いつく例を挙げると、その1。銀行や保険で新しい商品を購入しようとすると、膨大な書類に書き込まなければならない。これは余剰資産で買うものかとか、収入はどうだとか、他にどんな資産を持っているかなど、チェックを入れさせられる。アンケートと同じで、どちらにチェックを入れてもいいようなものも多く、時間が掛かるので仕事をしている者は利用しにくい。担当者だって業務の負担が増えるばかりに見える。紙も無駄だ。これが不正防止やリスク防止、業務改善にどのくらい役立っているのだろうか、毎回不思議に思う。

その2。デパートのブランド店で小物を買った時のこと。近くにあった赤のタートルとカーディガンが目に入った。試着を希望すると、カーディガンはいいがタートルはフェースカバーを被ってもダメだという(なお、タートルが特別に繊細な作りだったわけではない)。カーディガンも素的だが、タートルも試してみたい。クリスマス前なので買ってもいいかな。思い切って、どちらかを必ず買うし、注意して扱うので、試着させてくれないかと頼んだ。だがダメだという。店員は、試着室でタートルを胸に当てている私が、着るんじゃないかと外で警戒さえしている。店員には権限がなく、店長と見られる人も下を向いたまま反応しないので、ブランドの方針なのだろうが、何とも硬直した応対だ。

それでいて、店員はお得意様名簿を作るため、私に用紙の記入を求めただけでなく(もちろん断った)、店舗の枠の外までのわずか数メートルの間、買った商品を入れた袋を提げてきて客を見送る、いつもの「おもてなし」パターンは維持していた。正直言ってうんざりした。これでよく商売が成り立つ。これでは世界に負けてしまう。

その3。美容小物を買うために入った店で、店員がヘア・メイクの予約を受け付けていた。待っている間、聞こえてきた会話に思わず耳をそばだてた。店員が「でき上がったヘア・メイクに関しましては、お客様のイメージと多少違うところがありましても、当方としましては、ご要望に完璧にお答えできないこともございます。その点をご了承いただき、その上で正式な予約受付といたしたいと思います」と言っていたのだ。

女性なら、キレイになるつもりで入った美容院で思ったほどキレイにならなかったという経験は、みんなあると思う。多少不満はあっても、ま、仕方ないと受け止めるのではないだろうか。あの店員の口ぶりからは、実際にクレームが来るので予防線を張ったと思われるが、そんなことまで確認しなくてはならなくなったのか。これが日本流の綿密さなのだろうか。

話は飛ぶが、これほど細部を確認し、予防する習慣や決まりがある一方で、福島原発の事故は起きてしまった。最も厳重かつ完璧にしてほしかった原発の防御対策は、「神話化」されていただけで、特別に安全というわけではなかった。

何が幸福感につながるか

このように列挙していくと暗い気持ちになるが、だから日本はダメだなどと言いたいのではない。日本の優れた点はそれこそ枚挙に暇がなく、特に海外に出ると実感することが多い。よく指摘されるように、治安の良さは特筆に値する。最近は残念ながら凶悪事件が起きるようになったが、それでも、夜であっても、女性であっても、それほど警戒しないで町を歩ける。そんな国はほとんどない。これは最大の財産である。また悪臭放つ不気味なトイレなどもない。

でも、だからと言って幸福感が高いかというと、そうでもないのが釈然としないところで、国連の「世界幸福度報告書2015」では日本人の幸福度ランキングは46位である。正確に実情を反映しているかどうか疑問ではあるが、ある程度正しいとすると、硬直的な予防策を張り巡らすような風潮が実態以上に閉塞感を生んで、人々を息苦しくさせてはいないだろうか。こういう雰囲気の中で、創造的イノベーションが次々と生み出されるとは思いにくい。

翻って、インドはその場でどう転ぶか予想のしにくい社会で、初心者には驚きの連続だった。

高速道路なのに、牛を引いている人もいれば、単に歩いている人もいる。オートバイはみな器用に5人くらいで乗っている。運転手のほかに、赤ちゃんを上手に抱えた母親が横座りし、その前後に子供を乗せるなんていうのは普通だ。ヘルメットも被らず、スイスイと走っていく。また、デリーでは、ぼられることを警戒していったん断ったリキシャが、数メートル先の次の通りの横から出てきた時も目を丸くした。相手はこちらの提示額でもいいと考え直し、先回りして私たちを待っていたというわけだ。

ちょっとしたアクセサリーを買った時の商売の上手さも舌を巻く。あくまでも売るという強い意思にあふれているが、押しつけとも違う。ひょうきんな人間味もあって、だまされないようにと思いつつも、つい乗ってしまいそうな魅力がある。貧しさがあちこちに見え、常に警戒が必要だが、人が大勢いることの活力、ルールや秩序をすっ飛ばすエネルギーは生命力にあふれていた。

もちろん、こうした社会は負に振れれば、単に効率が悪いだけでなく、時には危険である。現に、2012年デリーのバス車中で起きた女子学生集団暴行・殺害事件は世界に衝撃を与えた。その後も性的暴力事件は絶えず、痛ましくも恐ろしい。背景には深刻な貧困問題や古い男女観がある。

インドに行った人の中には、相対した人間によって「何でもアリ」の無秩序と混沌に困惑し、嫌いになる人がいる一方で、私たちは魅せられ、シンパになった。だから、日本に帰ってくると何やら物足りなく思えた。町が妙にきれいに見える。便利で楽だけど無機質で、生きるエネルギーが不足しているように感じられた。日本は成熟段階に入ったというが、このあたりバランスを失ってはいないか。どのあたりが適当で、それをどうやって実現するかは、難しいところだが、何が人を生き生きとさせ、充実感や幸福感につながるか、国民レベルで問い直す必要があるように思う。

英語のワンポイント・レッスン

日本の幸福度は46位

世界幸福度報告書2015：World Happiness Report 2015　国連の「持続可能な開発ソリューション・ネットワーク（SDSN）」の支援を受けて、2015年4月に刊行されました。この報告書ではreal GDP per capita（1人当たり実質GDP）、healthy life expectancy（健康寿命）、corruption levels（汚職の度合い）、social freedom（社会の自由度）などの項目別で各国を評価し、合計点を幸福度スコアとしました。

得点が高かったのは、スイス、アイスランド、デンマーク、ノルウェー、カナダの5か国でした。最低スコアはアフリカのトーゴ（2.839点）。

なお、日本は158か国中、46位です。Japan ranks 46th among 158 countries. ちょっと寂しくありませんか。

固有名詞にご用心

通訳でも固有名詞は鬼門

インド旅行の日程を少し詳しく反復すると、日本からデリー経由でチェンナイに飛び、そこから車で4時間、アンドラ・プラデーシュ州の聖山ティルマラに行った。そこのティルパティという町にある女子大（パドマヴァティ大学。通称バラジ様と呼ばれる神の妻の名前）の先生や学生にお世話になりながら、最強の神ヴェンカテシュワラ（バラジ様）が奉られているヒンズー教の総本山を参拝した。ここは「願いごとは何でもかなう」と言われていて、実はカトリックの総本山バチカンより巡礼・参拝者が多い。その後、グループは二手に分かれて、インド初心者組がタージマハールに行ったことはすでに述べた。再訪組は後からデリーにやってきて合流し、共に日本に帰国した。

ざっと書いた日程にも、カタカナの地名や神の名がいくつも出てきて、多くの日本人にとっては、これが一体どういう所なのか、何のイメージも浮かばないのではないだろうか。

同じことが旅行した本人たちにもいえて、それがちょっとしたドラマになった。

ティルマラ・ティルパティ寺院の参拝も、町の散策も、女子大の訪問も、大学の先生と弟子の学生たちの案内があったため、私たち一行はすっかり安心し、頼りきっていた。寺院では、日本人が珍しいらしく、座って休んでいたら、聖人と間違われて参拝者が次々と触りに来て拝んでいく（!!）。女子大では、同じ東洋人ながら、黒髪を短くカットし、色が白く（あくまでも南インドの彼女たちより）、パンツルックという私がエキゾチックに見えるとのことで、女子大生がやってきて一緒に写真を撮っていった。昔、日本人が西洋の女性と一緒に写真を撮ろうとしたのと同じことだが、なんともくすぐったい感じがした。グループの中には、合気道の演武《えんぶ》を披露した男性陣もいて、喝采を浴びてご機嫌だった。

この後、私たちはリキシャに乗って宿泊先に帰るだけだったが、ここで初めて私たちだけで行動することになった。それまでは、英語を解しないリキシャを止めるのも、行き先を告げるのも学生たちだった。そのため、ヒンズー教の大本山を参拝し、異文化を味わい、かつ深窓の令嬢の集まる女子大生との懇親会までも堪能したにもかかわらず、私たちは誰一人、神様の名前はおろか、大学の名前も宿泊先の名前も何も覚えていなかった。

呼び止めたリキシャに告げた行き先は、ただの「ゲストハウス！」。運転手は走り出した。だが、どうも向かっている方向が違うようだ。おかしい。冷静に考えれば、ゲストハウスはたくさんある。「ホテル！」とか「民宿！」と言ったに等しいのだから目的地に着けるはずもない。行き先も判然とせず、言葉も危ういなか、私たちは固有名詞以外の単語を並べて、リキシャを乗り換え、交渉した。気がつくと、見知らぬ男が２人リキシャの最後尾に後ろ向きで座ってきて、不気味だったが、途中で降りたので相乗りらしかった。それでも、なんとか見慣れた通りに戻ってこられたのは奇跡だった。名前を記した宿泊先の看板が輝いて見えた。

見知らぬ土地の固有名詞は、まるで数字の羅列のようで、それ自体何の意味もなさない。だから、記憶の端っこにも引っかからなかった。言葉がないということは、こんなにももどかしいことかと、逆に言葉の力を思い知る経験となった。

そういえば、固有名詞は同時通訳でも鬼門である。地名や人名、組織名は関係者にとってはきわめて重要で、間違えれば明白なので、命取りにもなりうる。だが、なじみのないうちは、単なる音の羅列にすぎず覚えられない。内部記憶にしきれないので、外部記憶としてメモを作成し、それを見ながら訳すことも多い。世界には長い名前の人も多く、必ずしも苗字・名前の組み合わせではないので、どの部分が呼称なのかも不明だったりする。外国人にとっても、日本人の名前の、たとえば「よう子」も「ゆう子」も同じように聞こえるのではないだろうか。インド旅行で、期せずして、いつも頭を悩ませている固有名詞の問題に直面したわけだ。

インド人は自分の英語を気にしない

また、旅行中、言葉の力を知る別のエピソードもあった。初心者組の3人は、不慣れなため、世界遺産のタージマハールを見に行くのに、現地ガイドを頼んだのだが、この人が素晴らしかった。名前をシンさんと言い、ヒマラヤ出身でヒンディー語を母国語とするが、日本語が抜群にできた。デリーの日本語学校を出ただけで、日本に留学したわけではないというが、相当突っ込んだ話も全く問題なくできた。母国を愛する気持ちが伝わってくるが、決してインド贔屓の偏ったことを言うわけではない。歴史や社会、国民性について的確に説明してくれた。また、終始一貫、丁寧な日本語を話すのも気持ちよかった。大変な逸材だと思った。

ところが、面白いことに漢字はあまりできないという。勉強をしていた頃はかなり書けたが、今は書けないし、読みも大まかにしかできないという。ガイドとして、もっぱら実践的にコミュニケーション力をつけたということだ。では、同音異義語はどうするのかと尋ねると、話の前後から推測できるという答えだった。実際にどう理解していくのかは測りかねたが、私たち日本人が言葉を聞いた時に、無意識に漢字を思い浮かべて判別するのとは違うようだった。

これは、外国人の日本語学習において大変興味深い話である。日本語の国際化にとって、大きな可能性を感じさせる。というのも、日本語がある程度の水準以上にならない外国人の場合、漢字がネックとなっていることが多いからだ。

また、私自身、これまで、あまり上手でない日本語を使う外国人に出会うと、正直なところ、長く話すのは苦痛に感じられることがあったが、外国できちんとした日本語を使う人物に出会えたことは、大きな発見であり、喜びだった。民間外交官の役割を見事に果たしてくれたシンさんのおかげで、私たちはインドが好きになり、日本語の意義まで再認識できた。

最後にもうひとつ、言葉をめぐる気づきについて語りたい。インドは英語を公用語のひとつにしているので、日本人はインド人が多少訛っていても、みんな英語が堪能だと思っている。だが現実はそうでもないようだ。リキシャの運転手も町の人も英語を解しないし、シンさんも、英語は公務員や大手企業の幹部などしか使わないと言っていた。ただ、インド人は、他の国の英語を使う人たちと同様に、話す時に自信を持っていて、自分の英語が通じないなどとは考えていない。ここが日本人と違う。

このあたりのギャップにより、私もインド英語で苦労したことがある。アジアの海事関係者の会議を何年間か定期的に逐次通訳をしたことがあるのだが、ある年のインド代表の英語がとりわけ分かりにくかった。訛りが強くて、よく話す。私も一応、専門用語を勉強して臨んではいるが、同じ内容でも、その国だけで使っている別の言葉で言われるとカバーしきれない。「少し黙っていて」との願いも空しく、よくしゃべるその人の発言に、私は苦戦し、聞き返し、確認しながらの通訳となった。休憩中、ちょっと気落ちしていると、別の国の出席者が「僕もよく分からないよ」と言って慰めてくれた。

だが、結果は、クライアントからクレームがついてしまった。といっても、私の中では反省よりも「無理」という言葉が浮かんで、他にできる方がいたら「お願いします」というのが本音だった。なお、後日談になるが、しばらくして担当者が変わったのを機に、再び同じ仕事をさせてもらうことができた。

というわけで、時には「憎しみ」さえ感じるインド英語だったが、楽しい旅行を一回しただけで、そんな気持ちが消えた。また、相手の話が分かりにくいのは、こちらのせいばかりではないことも分かってきた。英語の合間に頻繁にヒンディー語を挟んだりしているらしい。NDTVニュースでもよくある。

また、ティルマラ・ティルパティを案内してくれた女性は博士課程でシェークスピアを研究していたし、男性も博士課程で心理学を研究していたが、それでも長く話していると分かりにくくなる。これは、英語を話すときの自分に置き換えると理解できる。簡単に言うと、疲れてきて、正確に文章を組み立てる気力がなくなってくるのだ。また、後にメールのやり取りをしてみると、たとえば、“Are you had supper? lost night I recall yourself and your team.”などという、あまり正確ではない英語が書かれていたが、それでも「夕食は済みましたか。昨晩、みなさんのことを思い出していました」という意味はもちろん伝わる。万事お互い様であるし、逆説的ながら、このことは日本人にも励みになると思った。日本は、今また英語学習熱が高まっているが、インドの人たちを見ていると、気軽に自信をもって使えば、完璧でなくても、ある程度コミュニケーションが取れることが分かる。肩肘張らずともいいのである。

というわけで、インド旅行は「言葉」の力を感じ、考えさせてくれる旅でもあった。言葉で仕事をしている身には、この点からも実り多き旅だった。リキシャが無事にゲストハウスに着いたこと、空港を突破できたこと、シンさんに会えたこと、タージマハールがこの世のものとも思われないほど美しかったこと。みんな感謝。Wow!

英語のワンポイント・レッスン

何でもグローバル

固有名詞：proper noun

国際化、グローバル化：globalization　今や何もかも、グローバル（global）の時代です。globe（球体、地球儀）からできたこの言葉は、国際化、世界化、地球化を意味していますが、実際は欧米化、アメリカ化だという批判もあります。また、イアン・ブレマー氏のように「アメリカ主導のグローバリゼーションは終わった」とする、さらに一歩先んじた洞察もありますが、世界が緊密化してどの国も単独で生きられない以上、すべての国がglobalizationの波の中にあるとはいえるでしょう。

戦後しばらくは、国際化はinternationalization（国と国の関係というのが原義）が使われていましたが、現在は、地球全体丸ごとで捉えるglobalizationが取って替わっています。

Are you had supper?：インド人の友人の英語から。文法的には、Have you had (finished) supper? Are you finished with supper? が正しいでしょう。また、lost night は last night（昨夜）と書き違えたのですね。また、このようにはっきりと過去を示す言葉が入った場合、文中の動詞recallは過去形recalledを使わなくてはなりません。

でも、こんなところで間違えの例文に使ってしまい、お友達、ごめんなさい！

スウェーデンの社会保障に学ぶ

日本はこれからどうなる？

テレビ番組のゲストに対するインタビューの通訳も時々やっている。同時通訳か逐次通訳か、生放送か事前収録かによって、やり方がいくつかに分かれる。それぞれに、「顔出し」と言って通訳者も顔が出る場合や、顔は出ないけど声と名前が出る場合、顔も声も名前も出ず、完全に陰の存在となって訳語だけが字幕で出たり、声優が訳語に従って吹き替えたりする場合など、さまざまなバリエーションがある。それぞれ緊張度や緊張の向かう先が異なる。

２０１５年３月に放送されたＢＳ11の『報道ライブ』で、スウェーデンの福祉が取り上げられた時は、スウェーデン大使館のアンナ・ハムレル（Anna Hamrell）一等書記官がインタビューに答え、私が通訳した。番組は事前収録で、発言は字幕処理なので、通訳が完全に「黒子」となるパターンだった。番組の趣旨は、少子高齢化が急速に進むなか、借金だらけで、社会保障改革＝福祉削減を迫られている日本が、高福祉・高負担の北欧モデルから何を学ぶかというものだった。

日本の研究者によると、国際水準でみた日本の福祉は「中福祉・低負担」なのだそうだ。消費税を引き上げても、福祉が充実したとか、還元されたといった実感が湧かないのは、これまでの借金を返しているからで、今後も「中福祉・中負担」になるだけで、高福祉は望めないという。問題は、政治家がこうした厳しい現実を率直に説明し、国民に理解を求め、そのための対策を議論していないことだという。

日本人の多くが、支払った負担金が還元されないのではないかと不安に思っている。政治家や官僚への信頼が薄れ、制度もどこまで信じていいのか分からない。みんな自分たちに都合のいいようにしようとしているんじゃないかとの不信感がある。特に3・11以降は安心・安全の感触が遠のき、株価が多少上昇しても、一般には好景気を実感できないように思う。少子高齢化の日本は、これからどうなるのだろうか。

私の両親も80歳を過ぎた。あちこち不調を抱えながらも、まあまあ元気でいてくれる。だが、いつか入るかもしれない高齢者施設には強い拒絶感を持っている。テレビや新聞で描かれる老後は、身体の衰えに認知症、家族の問題が重なって、どう想像しても希望が持てない。日本の現状では、自分の健康と経済力によって老後が大きく左右される。子供の生活も親の健康と経済力に左右される。大半の庶民は十分に備えられないし、日本の財政が借金だらけだと聞けば、お先真っ暗という気になる。

だから、北欧（今回はスウェーデン）の話を聞いて参考になるならば、何かを学びたい。番組はそういう日本人の気持ちを反映していた。

「みんなで払って、みんなで貰う」

番組側が事前に用意した質問は、スウェーデンの社会保障に関する説明を得たうえで、日本の福祉制度へのコメントを求め、最後は「日本は社会保障についてスウェーデンからもっと学ぶべきだと思うか」を問うというものだった。ごく一般的な質問なので、個人的にはちょっと漠然としすぎているのではないかと危惧した。欧米の人たちは具体的な質問を好むからだ。それに、彼らは、他の国がどんなに優れた制度を持っていようと、その人たちに自国の評価をさせるようなことは、決してしないからだ。

だが、今回は、さすがに相手は手慣れた外交官だった。制度の説明に関しては、「最初にお聞きしたいのですが、long version（長め版）と short version（短め版）のどちらをお望みですか」と聞いてきた。「ご要望に合わせますよ」というのだ。いかに多くの人からこの種の質問を受けているかがうかがえる。それには「中間版で」とのこちらの要望に合わせて、一等書記官は説明に入った。

人生のあらゆる段階に社会保障がある。親の介護はコミューン(市町村)の責務であって、子供の責任にしないことが法律で決まっている(1956年に社会福祉法が制定)。また、従来型の高齢者施設は入居者の生活の質が下がるとの理由から全廃となり、在宅ケアが主流である。だから、中心となって介護を担うのはソーシャルワーカーで、高齢者を訪問して、できるだけ自立を支援する。

また、同じく福祉国家として名高いデンマークでも、高齢者のケアは在宅が中心で、自立支援の原則も共通している。以前に、デンマークの社会福祉に関する公開シンポジウム(立教大学主催)の通訳をしたことがあり、在宅ケアを重視していることを学んだ。両国とも財源となる税率もとびきり高いが、世界幸福度ランキングの上位国でもある。

スウェーデンの教育面では、子供の才能を最大限伸ばすため、平等に育てるという考え方が根底にあり、豊かでない親を持った子供の教育の機会が減らないように、制度が整備されている。日本は現在、なんと子供の6人に1人が貧困というから(『平成26年版子ども・若者白書』)、教育の分野でも早急な対策が必要である。

もちろん、スウェーデンにも問題はある。少子高齢化の波が押し寄せ、ピラミッド型(国による最低保証年金の上に、雇用主負担の職業年金があり、さらにその上に個人が掛ける民間の年金保険がある）の年金システムのうち、国の最低保証年金が削減され、個人の民間年金保険の割合が増えているのだという。

ただ、スウェーデンの社会保障制度の根底にあるのは、平等の精神と制度に対する信頼である。消費税率は25％と強烈だが、国民は「喜んでいるわけではないが受け入れている」という。それはすべての世代が社会保障の恩恵を受けていると感じるからだ。高福祉・高負担は、言い換えると「みんなで払って、みんなで貰う」ことであり、払っても戻ってくることに疑念がないのだ。私は、この点こそ日本は学ぶべきだと思った。人間の生活はいろいろな意味で平等ではない。この不平等さを制度で補う。素晴らしいことだと思う。また、高福祉を実現できた背景には、世界大戦で中立を守り、戦争しないことで蓄積した富が大きかったとの指摘もある。この点も重要だ。

一等書記官は、日本の制度については、医療面ではスウェーデンの病院の待ち時間が長いのに比べ、日本は短いと優れた点を挙げながらも、自分たちの制度を日本が取り入れることは有効であり、可能だと思うが、あくまでも日本が決めることだとつけ加えることも忘れなかった。

訳していて、なるほどと思った。相手の対応がうまいことによるが、これだけの答えを引き出せたのだから、日本側の質問も一般的に過ぎるということはなかったのかもしれない。

独自性のなさと表裏一体

そういえば、スウェーデンと同じ北欧のフィンランドに関する仕事で、日本のいつもの質問に対する印象的な発言があったことを思い出す。3年に一度行われるOECD（経済協力開発機構）のPISA（国際学習到達度調査）で、日本は、2003年、2006年と立て続けに順位を落とした。PISAショックと言われる事件である。この時フィンランドはトップだった。早速、ある雑誌がフィンランド・センター（研究・高等教育・文化面におけるる日本とフィンランドの相互協力を推進する機関）の所長にインタビューし、私が通訳に呼ばれた。ここでも、やはり最後に、インタビュアーは、「日本の現状をどう思うか、日本はフィンランドから何を学んだからいいか」と尋ねた。すると、「日本のような歴史と伝統のある経済力も豊かな国に対して、歴史の浅い我々が一体何を言えるでしょう。私たちこそ、学ぶべきことが多くあります」という答えが返ってきたのだ。こちらの質問には相手を立てる礼儀上の意味合いもあるにしろ、何かと評価と助言を求める日本人への、思慮深いコメントだった。私は感銘した。

日本はPISAショックをきっかけに、「脱ゆとり教育」に方針転換。2013年には学力の回復が鮮明になっている。一方、上位の常連だったフィンランドは順位を落としていると聞く。物事に浮沈はつきものだが、このことは、何事によらず欧米から学ぼうとする日本の姿勢が功を奏した例といえるかもしれない。

とはいえ、こうした日本人の特質は、他国の評価を気にする独自性のなさと紙一重である。

たとえば、2015年5月に安倍首相がアメリカを訪問した際、議会の上下両院合同会議で日本の首相として初めて演説をした。首相は最重要同盟国のアメリカから重視されたとして、大いに気をよくし、国民向けのアピールにもなった。アメリカの軍事費削減を念頭に日本の憲法も国会もすっ飛ばして、米軍への自衛隊支援の強化を約束したのだから、厚遇もされよう。それでも、アメリカのお墨付きは重要だと感じるメンタリティが、私たち日本人にはある。

でも、他国（多くが欧米だが）に自国を評価させ、それを元に自国を判断したり、お墨付きを得て安心したりするといったメンタリティは、明治時代ならいざ知らず、いい加減卒業してもいいのではないか。どこの国も他と比較はするが、自身の座標軸を明確に持っていないかのような日本人のこういう感覚は、一方で「日本がいかに優れているか」的な論にも転じやすい。現に、最近、やたらと「日本ならでは」とか「日本人ならでは」と言って、日本の特殊性や美点を誇る論調が広がっているように思う。そういう本も多数出ているし、「日本はこんなにすごい」をクールジャパンとして外国人に指摘させたりしている。実は、私自身、ちょっと前までは、もっと日本の良さをアピールすべきだと思っていた。でも、最近は少し振り子が振れすぎている、それほど特別視するほどのことではないと思うことも多い。1980年代、日本は『ジャパン・アズ・ナンバーワン』(1979年、エズラ・F・ヴォーゲル著)と言われて浮かれていたら、バブルに呑まれてしまった。さらに、もっとさかのぼれば、先の世界大戦時のナショナリズムは恐ろしい惨禍をもたらした。自己卑下も自画自賛もバランスを欠けば、見苦しく、自国のためにも他国のためにもならない。

スウェーデンは、社会保障が名高いだけでなく、世界で唯一、核の廃棄物処理施設を備えているし、世界最高権威のノーベル賞を創設し、そのブランド力を維持している国だ。日本が学ぶことはある。だから、日本はこれからも他国からの学びは学びとして継続しつつ、卑下も自尊もせず、他方で冷静かつ客観的に状況と自身の立ち位置を見極めて、主張していくべきだと思う。ちょっとかっこよすぎるが、そういう日本こそクールジャパンだと思う。

英語のワンポイント・レッスン

福祉用語

北欧モデル：Nordic model　デンマーク、フィンランド、ノルウェー、アイスランド、スウェーデンに共通する、自由市場経済と包括的な福祉を組み合わせた社会経済政策のこと。北欧モデルは世界的に名高く、自国礼賛が主流の他国にあっても、視察・研究している国は多いようです。また、イギリスの政治経済誌 The Economist でも“The Nordic countries The Next supermodel”（Feb.2nd 2013）（北欧諸国　次のスーパーモデル）というような記事を出しています。

社会保障：social security

高福祉・高負担：

High contribution, high benefit. 高い貢献・高い利益。

Everyone contributes, and everyone benefits. みんなで貢献して、みんなで利益を得る。

Everybody pays in, and everybody gets back. みんなで払って、みんなで返してもらう。

高齢者施設：nursing home for the elderly (the aged)

認知症：dementia

老後：life after retirement

少子高齢化：aging society with fewer children

PISA（ピサ）：Programme for International Student Assessment　OECD加盟国を中心に3年ごとに実施される15歳児の学習到達度調査のこと。主に読解力・数学的リテラシー・科学的リテラシーなどを測定します。リテラシー（literacy）とは、読み書き能力のことで、その分野のことを理解し、活用する能力を意味します。なお、programmeはイギリス英語、programはアメリカ英語。PISAの正式名称ではイギリス英語を使っています。

〝親日〟に甘えてはいけない

戦争における通訳者の役割

仕事柄、時間があればシンポジウムにも顔を出す。だが、あの時はちらしを見てドキリとした。タイトルが「戦争と通訳者」だったからだ。通訳をする者としては無視できない問題である。想像するだけでも恐ろしく、講演内容も事実その通りだった。

「戦争と通訳者」と題した一般公開のシンポジウムが、2015年7月20日に立教大学で開かれた。武田珂代子教授（専門は異文化コミュニケーション）が「戦争における通訳者の役割――通訳行為は戦争犯罪になりえるか？」として問題提起をし、続いて、台湾国立政治大学の藍適齊助教授が「通訳者の犯罪、被植民者の有責性、帝国の戦争：第二次世界大戦戦争犯罪者としての台湾人通訳者」をテーマに講演を行なった。

戦後70年を迎え、日本の安保体制が大きな転換期を迎えようとしている。安倍政権は日本を「普通」の「戦争ができる国」にしようとしている。戦争なんてできなくて結構！

と啖呵《たんか》を切りたいが、遠かったはずのものが、にじり寄ってくるようで怖い。

武田氏の話をまとめると、第2次世界大戦では通訳者（台湾・朝鮮出身者、日系アメリカ・カナダ人も含む）も戦犯として起訴された。信じられないことに死刑になった人もいる。起訴・有罪の理由は、捕虜・現地住民の虐待・拷問・殺傷、通訳しなかった（捕虜の発言を上官に伝えなかった）、虐待や拷問をしていた部署に所属していたなどである。「上官の命令で通訳しただけ」は通じなかったのだ。また、一般に通訳は「黒子」に思われているが、戦争の場では、直接捕虜に接し、上官の「悪魔の言葉」を伝えるため、「可視性」があるのだという。戦争時の通訳は、諜報・情報、プロパガンダ、捕虜の対応、休戦交渉、占領、戦犯裁判などにおいて、きわめて重要な役割を担う。と同時に大きなリスクも負う。複数の言語を解することで、敵からも味方からも信用されず、スパイ、裏切り者の烙印《らくいん》を押されがちである。

ちなみに、ヒトラーの通訳をしていたパウル・シュミット（Paul-Otto Schmidt）は「自分は、ただ通訳をしていただけ」と主張し、戦犯として起訴されることはなかった。一方、ナチスの親衛隊で、「アウシュビッツの会計係」といわれたオスカー・グレーニング（Oskar Gröning）被告（94歳）の裁判が2015年に行なわれたが、「自分は収容者の財産を記録し、没収に関わっただけで、虐殺には直接関与していない。すべて上官の命令に従ったただけだ」と主張したが、有罪となった。

戦犯となった日本統治下の台湾人通訳

では、この日の講演のテーマとなった台湾人通訳について、概要を述べよう。藍氏の緻密な調査・研究に基づく講演は、初めて聞くことばかりで、私は眉間に皺《しわ》がよりそうな思いで、90分間集中した。台湾は日本の植民地（1895―1945）だったため、住民は戦時中は日本軍支援のため、半ば強制的に動員された。その数は20万以上に及ぶ。兵士として信用されていなかったので、当初は軍の雑用係りや救護隊など副次的な役割を担っただけだった。派遣場所は、中国本土、東南アジア各地、南洋の遠い小さな島々まで広範囲にわたる。死者は3万人以上。戦後は戦犯で裁かれる者もいた。

日本のB・C級戦犯の裁判は、海外の旧植民地（45か所）で行なわれ、5700件中4403人が有罪となった。そのうち、台湾人は190人で全体の4・3%にあたる。これに朝鮮半島出身者148人が続く。台湾は戦後主権を回復しているので、台湾人は理論的にも法的にも「日本人」ではないにもかかわらず、戦犯として裁かれた。さらに190人中21人が死刑、うち11人は通訳者だった。多くは暴力行為に直接関与したというより、捕虜への尋問に関わっていたにすぎない。インド洋のカーニコバル島のような遠い南洋の島でも、戦後戻ってきたイギリスによって、台湾人通訳者が1人処刑された。

なぜ、台湾人が通訳として必要となり、憲兵隊に配属させられたのか。

日本軍が東南アジアを侵略し占領すると、その地域の安定が必要になった。住民とのコミュニケーションは不可欠で、情報は必須だ。シンガポール、マラヤ、インドネシアなど東南アジアには、中国本土から多くの移民がやってきて定住している。これらの移民は中国本土を支持する愛国者である。台湾人は多くが大陸出身なので、彼らの言葉が分かる。そのため台湾人通訳は、憲兵隊の配属となり、尋問・拷問時の通訳をさせられた。地元住民と直接的接触が多かったことから、戦後の戦犯裁判では、被害住民による証言が成立した。

被害者は命令を下した司令官のことは知らないが、現場で直接言葉を発した通訳のことは覚えていたのである。

東南アジアの日本軍占領下にあっては、実際は中国人捕虜も台湾人も、ほぼ同じような環境で労働に従事していた。しかし、台湾が日本の植民地であったことで立場が分かれる。また、中国人捕虜の間でも、地域により言語が異なるため、コミュニケーションが取れず、この面からも台湾人通訳は貴重だった。しかし、中国人捕虜や地元住民にとっては、元々は同胞であるはずの台湾人通訳の存在は許し難く、激しい憎悪や復讐の対象となった。

日本統治下の台湾人は、日本軍に動員されると、軍の最下層に位置づけられ、戦場では上官や一兵士の命令さえ聞かざるを得ない状況に置かれた。言葉が分かることによって通訳をさせられ、最後は裁かれた。「中国人捕虜殺害」の罪に問われた台湾人通訳は、全員、容疑を否認し、単なるメッセンジャーだったと主張したが、通らなかった。この責任は一体、どこに、誰にあるのだろうか。当然、大日本帝国の植民地主義と戦争にある。にもかかわらず、これらの台湾人通訳は、その責任を取らされたのである。

現在も、アフガニスタンやイラクなどの戦争では、現地人が通訳として雇われている。対戦国で養成しようとしても追いつかないからだ。ただ、第2次世界大戦時と違って、現地人通訳は忠誠心を示すためではなく、お金のために通訳をしている。それでも、戦闘が終わると地元住民から裏切り者として虐待されるため、多くがアメリカやカナダなどへの亡命を希望している。戦争と通訳は今も生々しい問題なのである。

上には逆らえない文化

日中韓の和解については、しばしば話題に上る。だが、台湾との和解は話題にさえならない。台湾は親日派として、一括りにされがちだからである。事実、台湾に行った時も、日本人に好意的なので嬉しかったのを覚えている。親日の理由についてはいろいろあると言われている。台湾の日本植民地化が比較的うまくいったのは、台湾が中国の一地域だったからで、朝鮮半島のように国に対するものではなかったからだとか、日本は中央政府からあまり顧みられなかった台湾に近代的な治水灌漑《かんがい》工事を行ない、教育制度を導入したからだ、などなど。革命を経ていない台湾は、むしろ濃厚に中華的なものを温存しつつ、大国・中国の影にあり、アイデンティティの基盤への模索を続けているともいわれている。

それが「中華思想」と一線を画す、「やさしさ」に通じるのかもしれない。

だが、これに甘えてはなるまい。藍氏によると、戦後の台湾には共産党との戦いに敗れた国民党政府が移ってきたため、いわば、戦中の記憶を忘れさせられたのだという。藍氏の話はすべて衝撃的だったが、こうした戦争時の真実を知るのに遅すぎるということはないはずだ。戦争の直接体験者が少なくなるなか、むしろ、直接体験していない後続の世代は、感情的なわだかまりを超えて、客観的な立場に立てる強みがあると思う。講演者の藍氏自身も、壮齢の学者と見られ、先祖の、いわゆる「恨み」が研究の動機ではなく、この日の講演参加者も多くが平成世代のようだった。ここに期待したい。

それにしても、死刑にされた台湾人通訳はどんな思いだったろうか。上官の命令になんて、従いたくなかっただろう。でも、従わなければ権力側に殺されたかもしれず、生きるためにその場をしのいでも、結局、別の権力によって殺されてしまった。

何とも恐ろしく、痛ましい話だ。しかも、これは戦争時の通訳という「特殊な状況下の特殊な話」ではない、きわめて日常的な問題をはらむ。先ごろ、東芝の利益水増し問題が大きく取り上げられた。上司の意向には逆らえない企業文化が長年にわたる不正につながったとの指摘があった。今この場を生き抜くために必要なことと、その先にあるもの。こうした葛藤は人間社会の永続的テーマである。平時でさえこうなのに、戦争となってそんな葛藤に苛まれるなんて、なおいっそう御免である。

英語のワンポイント・レッスン

戦争と通訳者

親日と反日：pro-Japanese, anti-Japaneseが最も一般的な形容詞でしょう。Japanophile は親日派の（人）となります。-phile（-phil）という接尾語は～を愛する、～好きを意味し、形容詞にも名詞（人）にもなります。ですから、Anglophileは親英派の（人）。

Anglophilia は、英国びいき、英国崇拝。反対語の英国嫌い、英国恐怖症は Anglophobia。同様に、日本嫌いはJapanophobia，外国人嫌いは xenophobia となります。-phobiaは恐怖を意味する接尾語です。

また、～嫌いの人は-phobe。日本嫌いの人はJapanophobe、英国嫌いの人はAnglophobe。語尾が少しずつ違います。

どこの国も歴史がからむと、特定の国から好かれたり嫌われたりします。地理的に近いほど関係が難しいのは一般的だそうです。それでも反日と言われるとがっかりしますね。

可視性：visibility

戦争犯罪者：war criminals

日本のＢ級Ｃ級戦犯の裁判：trials for Japanese Class B/C war criminals

捕虜：prisoner of war　POWと略します。

日本の植民地化：Japanese Empire's colonization

日本ラグビーにしびれる

ジョーンズ監督の鋭い視線

渋谷に向かう山手線の中、私は座って新聞を読んでいた。途中、乗り込んできた女性2人が私の前に立ち、おしゃべりを始めた。話題は今を時めくラグビーである。2015年イングランド開催のワールドカップ（W杯）で日本チームが歴史的勝利を重ねた。五郎丸歩を始めとする代表選手やエディ・ジョーンズ（Eddie Jones）監督の名前が一気に世間の知るところとなった直後のことである。

「五郎丸ってカッコイイわよねぇ。でも、結婚しているんですって。なんか、がっかりしちゃった」。この言葉に反応した私は、会話の主の顔をどうしても見たくなった。声と雰囲気から、決して「若く」ないと思われたからだ。急に顔を上げては変に思われるので、別の方向を見るようなフリをして、徐々に顔を上げた。おおっ。年齢は分からないが、孫がいてもおかしくないような方々に見えた。

日本代表は目標としたベスト8には惜しくも届かなかったものの、9月15日の1次リーグ初戦で優勝候補の南アフリカを逆転で下し、その後もサモア戦、アメリカ戦に勝利した。実に24年ぶりのW杯勝利である。特に南ア戦は「W杯最高の瞬間」部門賞まで受賞した。それまでラグビーに関心のなかった人にも目を向けさせる快挙だった。

ラグビーはボールを後ろにしかパスできないという禁欲的なルールや、外目には摩訶不思議なスクラムなどがあるスポーツだが、発祥地のイギリスでは「男の中の男のスポーツ」、「紳士のスポーツ」と言われている。最近は、あらゆるスポーツでスマートなイケメン選手が増えるなか、汗臭く、泥臭く、傷だらけのラガーメンは男臭いスポーツの存在を思い出させてくれた。それに、日本代表の出自が多国籍なことも、グローバル時代のマルチカルチャー集団として新鮮に思われた。

こうした盛り上がりの中で、私にはちょっとした自慢話がある。あのエディ・ジョーンズ監督の通訳をしたことがあるのだ。2014年9月6日、テレビ東京の『Foot&Brain』というサッカー番組にジョーンズ監督が出演した。

この番組は、日本サッカーを応援し、強くなってもらうために「考えるサッカー番組」として企画されたものである。日本ラグビーは、2012年4月にジョーンズ氏が代表監督に就任して以来、W杯での勝利を予想させる快進撃を続け、小柄な日本人には不可能といわれた世界ランキング・トップ10入りを果たした（その後順位を下げた時期もあるが、W杯後は再びトップ10に）。そこで、サッカーも、ジョーンズ監督から知恵を借りようというのだった。W杯後の今から考えてもこの企画は先見性があった。

その日、打ち合わせの部屋に入っていくと、監督は立ち上がり、まっすぐに私を見て握手を求めてきた。少しも威圧的なところはなく、〝偉い〟オーラを振りまいているわけではない。むしろ温和で包み込むようなのだが、全身でこちらを捉え、すべてを見通すようなまなざしだった。私は一瞬にしてこの鋭い視線に呑み込まれ、この人を信頼した。

通訳を依頼された私は、いつものようにインターネットを駆使して必死ににわか勉強（それにしてもルールが複雑だ）をして、この場に臨んだが、監督は、私を見た瞬間に「こいつはラグビーなんて何も知らないだろうな」と見抜いた気がする。

また、打ち合わせ中はこんなこともあった。それは、監督の戦術の「スモール・エリア（小さな領域）」について、私が質問した時だった。実際のインタビューでは戦術の細部までは話題にならないと思われたが、監督が何度か「スモール・エリア」と口にするので気になった。すると監督はすっと立ち上がり、私にも立つように促す。それで、さっとラグビーの構えをして――これが実に決まっている――説明し始めたのだ。

私はどう反応していいのか分からず、ただ木偶《でく》の坊のように突っ立ったまま、動きを見つめた。だが、正直なところ何を意味するのか今一つ分からない。それでも全くの素人にも何とか分からせようとする監督の熱意が伝わってきて、私は恐縮した。

番組は、男女2人のキャスターが司会、サッカーの解説者である都並敏史《つなみさとし》氏が解説、ジョーンズ監督がゲストという構成で進められた。私はジョーンズ監督の斜め後ろに座り、番組の進行と監督への質問は英語に同時通訳（ウィスパリングといって耳元でささやく）し、監督の発言については日本語に逐次通訳した。実際の放送では、監督の発言は字幕と吹き替えになっていた。

　収録の段階では、一体自分がどの程度画面に映るのか分からないので落ち着かない。通訳に集中しなくてはならないのだから、見た目までは構っていられないという現実とともに、あまり変な表情や格好は映ってほしくないとの思いもある。そのため、こうした「顔見せ」をいやがる通訳者も多いが、緊張感が高いぶん、うまくいった時の達成感も大きい。

　インタビューでは、監督は、①早朝5時から短時間・高強度の肉体強化トレーニング、②テクニックよりスキル（状況判断を含む技術）の重視。グラウンドでは自分で考え、判断するしかない、③練習はテンポを重視するため、通訳を介さず、選手に疑問を投げかけて考えさせる、④勝つことに焦点を当てた目標の明確化。W杯で勝たなければ実力があることにはならない、といったことを語った。

これらはW杯後も繰り返し語られたし、短期間で日本代表を世界で戦えるチームに導いた監督の手腕は、リーダーシップの観点からも、たびたび取り上げられた。後から思い返してみても、監督は最初から極めて明確な指導方針を持っていたことが分かる。中でも印象的だったのは、監督としてのスタイルが固まったのは51歳頃ということだった。W杯当時55歳だったことを考えると、つい最近まで試行錯誤していたことになる。

こうして、すでに名監督との評価が定着していたジョーンズ氏だが、その後のW杯までの過程では、猛特訓を課す激しい監督と選手の間に軋轢が生じ、選手自らが練習方法を提案するようになっていったという。それ自体、監督の目指す「考える」ラグビーであり、指導者に依存しない自主性の高いチームへの脱皮を物語る。

だが何と言っても、監督の最大の貢献は、おそらく皆の心の隅に巣くっていた「ラグビーは日本人には〝しょせん〟無理」という意識を払拭させたことだろう。頭では分かっていても、最初からあきらめてしまう心理や固定観念は、さまざまな分野にある。これを日本代表が世界の大舞台で突き破ったのだから、感動させないはずがない。

前述の女性たちでなくても、五郎丸はカッコよすぎるくらいカッコいい。でも、私はこのインタビューのお蔭で、W杯での試合中、厳しい表情を崩さない監督を見て、ひとりカッコいいとしびれていた。

五輪エンブレム盗用疑惑

さらにもう一点、今回のラグビーが大いに沸いた重要な理由があると思う。ラグビーが開催される直前の日本は、2020年東京オリンピックの新国立競技場建設をめぐって混乱が続き、当初予定された競技場の設計が撤回となった。この煽りを受けたのが、2019年日本主催のラグビーW杯で、新しい競技場での開催を断念せざるを得なくなった。ジョーンズ監督は、2015年のW杯のみならず、2019年のW杯も視野に入れていたので、関係者にとっては残念な事態だったろう。そこへ追い討ちをかけるように、オリンピックのエンブレム盗用疑惑が起きた。

今や、競技としてのオリンピックは美しくとも（ドーピングなどでこれにも疑問符がつくことがあるが）、開催には種々の利権が絡むことが想像され、みんな、オリンピックがキレイ一色だと思うほど初心《うぶ》ではないかもしれない。それでも、この2つの出来事は国民をがっくりさせた。日本人はこんなにみっともなかったのか。そもそも、私たちの貴重な税金で、何でそんなバカ高い競技場（2250億円）を建てようとしたのか？　エンブレムという心に届きにくいカタカナ語を使って、何が起きていたのか？　仮にデザイナーに意図的盗用はなかったとしても、チェックの甘さはプロとして杜撰すぎる。莫大なマネーが動くのである。

ラグビーのW杯では、ラガーメンたちのユニフォームに可愛いピンクの桜のロゴがついていて、がたいの大きさと対照的で微笑ましかった。どこかの英語の実況中継でも、「白いラインに、よく知られたチェリー（桜）」と言うアナウンサーがいたので、誰にも印象に残るものなのだろう。たとえば、なんでこれをオリンピックに使ってはいけないのだろうかと思った。

責任の所在も不明だし、もやもやした不快感だけが残るなか、ラグビーW杯での日本代表の活躍がこれを一気に取り払ってくれたのである。緻密な戦略に基づく猛烈な努力という勝利へのシンプルな真実に、みんな歓喜した。でも、オリンピックのイメージが傷ついてしまった。ジョーンズ監督も日本代表監督を退任して去っていった。紳士のスポーツ・ラグビーの大躍進がこれで終わることなく、日本の真摯なオリンピック運営につながるよう心から期待したい。

なお2016年に入って、正式に新しいエンブレムが決まった。これで心機一転、オリンピックを応援しようと思っていたら、今度は招致をめぐる贈賄疑惑が浮上した……。

英語のワンポイント・レッスン

ラグビーは男の中の男のスポーツ

男の中の男のスポーツ：man's game

men's sports と言ってもいいのですが、men's sports は単に男女の別を示す「男子のスポーツ」となり（女子のスポーツは women's sports）、男の中の男というニュアンスは、man's game のほうが明確に表現されます。

スポーツと階級の関係は日本ではあまり意識されませんが、イギリスでは、ラグビーは中流から上流階級のスポーツとされています。日本がW杯で大金星を挙げた南アフリカでも、長い間、白人のスポーツとされてきました。1995年に南アがW杯主催国として優勝した時には、アパルトヘイト（人種隔離政策）後の南アにおける黒人と白人の融合の象徴となり、これを強く主導したネルソン・マンデラ（Nelson Mandela）大統領（当時）が大喜びで、みんなと一緒に踊っていました。

紳士のスポーツ：gentlemen's sports

審判は1人しかいないので、ごまかして反則もできなくはないが、「絶対にそれをしない精神」が求められているそうです。そのため、イギリスではラグビーは社会のリーダーを育てるために欠かせぬ「紳士教育」と位置づけられています。

監督：manager, head coach

ジョーンズ氏の役職は head coach ヘッドコーチです。通常、head coach は監督と同義で使われるので、ジョーンズ氏は監督と呼ばれます。しかし、野球・サッカーなどでは監督（manager）とヘッドコーチを別の役職と捉えています。日本ではヘッドコーチというと、野球のヘッドコーチのイメージがあるので、監督の補佐役のように見えますが、ラグビーでは監督業を分業していて、現場で指揮を取るのが head coach、チーム強化は general manager が担当します。

日本人の英語も、Cool!

スポーツ選手も英語でアピール

最近は、世界で活躍する日本人アスリートが本当に増えた。そのため、日本語だけでなく、英語を始めとする外国語でインタビューに答える姿が時折テレビに流れる。

「2020年東京オリンピック」の招致を成功させた選手らのプレゼンテーション（2013年）が、世界に感動を与えたことは記憶に新しい。特に、パラリンピック陸上女子走り幅跳びの元日本代表で、現在はトライアスロン競技に転向した佐藤真海《まみ》選手の最終プレゼンは、苦難を乗り越えてきた姿と重なって、評価が高く、中学校・高校の教科書にも多数採用されている。

また、印象に残っている日本人アスリートの英語というと、個人的にはイタリアの名門サッカークラブACミランに移籍した本田圭佑選手の入団会見（2014年）がある。通訳をつけず、記者からの質問にも物怖じせず答えていた。ネイティブのような流暢な話し方ではないし、完璧な英語でもないが、自分の言葉で、一言一言くっきりと話す本田選手の姿は、強い気持ちを表す〝面構え〟とともに、なかなかのモノだった。記者から「侍の精神とは何か」と聞かれ、「侍に会ったことはないですが……」とユーモラスに返したのも、外国メディアやファンには好感度が高かった。

子供の頃から世界を夢見て、英語の勉強を続け、その後オランダやロシアのチームに所属するなかで、言葉の上でも鍛えられたのだろう。この堂々たる受け答えは、サッカーの実力だけでなく、英語でも存在感を示すcool Japan（クールジャパン、カッコイイ日本）のアスリートが、ここにもいるということを印象づけた。その後、多少の波はあっても、競争の激しいイタリアの一流クラブで活躍を続ける、日本を代表するサッカー選手であることに変わりはない。熊本地震の被災地支援のため熊本県に１０００万円寄付したというのも、強烈な個性だけではない人物に思われて、好ましかった。

私は、大手企業のビジネスマンの英語教室も担当してきた。6人から8人のグループ・レッスンで、2、3週間に一度の緩やかな教室だが、もう8年になる。業務上、英語にあまり縁がなかった部署が、昨今の英語重視の潮流の中で、企業としての正規の英語研修以外に、こうした教室を開くことにしたという。メンバーは大変なエリートで真面目なので、実際は私も一緒に勉強しながら「先生役」を楽しんでいる。

世界が注目するcoolな国際派たち

この英語教室では、時々日本人の英語を取り上げる。みんなが、身近に感じられる模範があると励みになるのではないかと思うからだ。ある時は、ソニーのCEO（最高経営責任者）である平井一夫氏のスピーチを取り上げた。CNBCのインタビューに出演していた時に通訳に入っていて、これはすごいと感嘆したからだ。平井氏は、子供の頃から北米での居住歴が長く、英語はネイティブ並みなので、〝国内派〟には上手すぎてお手本になりにくいとも言えるが、その立ち居振る舞い、応対、表情まで含めて、大変に洗練されている。是非、範としたい国際派の日本人である。

長年苦境が続いたソニーも、ここへ来てようやく復活の兆しが見えてきたが、これを本物の復活とするための戦いは今後も続くだろう。世界の誰もが憧れるブランドだったソニーのウォークマンは、個人が自分専用の機器を持つという現在の世界の潮流を作った起点である。80年代にカナダに留学した時、私が持っていた最高機種の新品ウォークマンを、ホームステイ先の男の子が欲しがって、父親経由で「売ってくれないか」と頼んできた。留学中でお金のなかった私は「あげる」とは言えず、割引価格で譲った。男の子のウォークマンを見る目が忘れられない。ソニーの完全復活を心から祈る。

また、2012年にノーベル生理学・医学賞を受賞した京都大学の山中伸弥教授のノーベル賞受賞講演も教材に使わせてもらった。教室のメンバーの中に、山中先生夫妻の仲人をした恩師の息子さんがいたり、神戸大や京大のOBがいたり、柔道をやっていた人がいたり（山中教授は柔道二段）、先生の講演を直接聞いた人がいたりしたので、みんな〝縁もゆかりもある〟のを自慢に、先生の快挙を我が事として喜んだ。この時の講演は、ストックホルムのカロリンスカ研究所の聴衆からスタンディング・オベーションを受け、日本のマスコミも絶賛して取り上げた。講演中、何度も笑うシーンがあるので、私は教室のメンバーに「なぜ笑っているのか聞き取る」を課題にした。

研究の天才ぶりや人間的な魅力については論を俟たないが、英語については、こんなふうにゆっくり、訥々と話せばいいのかという感想があった。

私はこれには〝猛然と〟反論した。これをうまいと言わずして、誰をうまいというのか。どんな言語のプレゼンテーションであっても、聴衆は背景にあるパワーポイントの文字情報や、事前に渡された資料を目で追っていて、あまり熱心に聞かないことが多い。また、実際のところ、引き込まれるようなプレゼンは、通訳をしていても少ない。しかし、山中先生はパワポに頼ることもなく、用意したであろう原稿に目をやることもなく、その場で語る言葉で、聴衆を自分の土俵に引き込んでいった。それが外国語でできる。素晴らしい業績の上に、修行僧のようなオーラを漂わせながら、ユーモアと謙虚さがそれを可能にしている。これが最上級のコミュニケーションでなくて何であろう。本当にcoolだ。

さらに、もうひとり、日銀総裁の黒田東彦《はるひこ》氏を挙げたい。アジア開発銀行の総裁時代に、ダボス会議でBBCからインタビューを受けて答えていたのが印象に残った。日本的な雰囲気がありながら、とても知的な英語を話す。幼少期に外国生活をしたわけではないので、普通の日本人と同じような英語学習を経ているらしいことが励みになる。もっとも、その後は東大、大蔵省、オクスフォード大学と華麗な経歴が続くが、それでも、並大抵のことでは、英語で渡り合う国際機関のトップには立てない。ましてや尊敬されることなどない。でも、黒田氏には、私たちもやれば少しは近づけるのではないかと〝錯覚〟させてくれる日本人らしさがあるので、教室で取り上げさせてもらった。だが、みんなで、黒田氏のインタビューをディクテーション（英語で書き取り）して驚嘆したのは、全くミスがなかったことだ。文法も何もかも正確で、雑なところがないのだ。知的に聞こえるのは当然である。

だから、2013年に日銀総裁に就任すると、「アベノミクスって何?」とは思ったが、黒田氏の手腕に私も少なからず期待した。だが、物価が上がると期待（予想）させて、投資や消費を促すという戦略は、肝心のインフレ目標を達成できず、異次元緩和はマイナス金利にまで突き進んでいる。それでも経済が十分に回復したとは言えず、昨今はあちこちからアベノミクス失敗の声が聞こえる。

アメリカのジャパン・ウォッチャーとして知られるリチャード・カッツ（Richard Katz）氏（オリエンタル・エコノミスト・アラート代表）が、2015年に日本外国特派員協会で「アベノミクスの3年」と題するスピーチを行なった（これも英語教室で活用）。ここで面白いたとえ話をしていた。修理工の黒田氏のところに、壊れた自動車の修理を頼みに行くと、ガソリン・タンクが15ガロン（1ガロン＝約3・8リットル）なのに、30ガロンのガソリンをくれるという。「ですが、黒田さん、エンジンが壊れていますんで……」、「いや、それなら、50ガロンあげよう」、「いえ、ですが……」、「だったら100ガロンだ」。会場は笑いに包まれた。さらに、カッツ氏は「物価上昇がデフレ脱却の鍵」とする理論を日本が実験してくれているので助かっている、この点で日本は貢献しているとも皮肉った。

もちろん黒田氏だけでどうにかなるわけではないが、あれだけ公言してきたインフレ目標の達成年次はずれこみ続けている。黒田氏に強気の姿勢を崩す気配はないが、私は個人的に尊敬する気持ちがあるので、なんとか修正に向けて舵取りをしてほしいと願っている。黒田氏は世界が注目するcoolな国際派なのだから。

グローバルに活躍するBBCの女性レポーター

最後にもう一人、女性を加えたい。BBCワールドニュースの日本人初のビジネスレポーターである大井真理子氏である。16歳でオーストラリアに留学し、報道の世界に惹かれて飛び込んだという。現在はシンガポールを中心に活躍しているが、東京のスタジオに来たことがきっかけで、通訳者数人と一緒にランチをしたことがある。画面での若干厳しい表情と違って、素顔は可愛らしく、どこにBBCのレポーターになるまでの突破力があるのだろうかと思った。

また、BBCワールドジャパン主催のイベント「今日のニュースの役割」（2013年）では、大井氏が司会を務め、同僚と私が同時通訳に入った。国内外の専門家の発言は私たち通訳がカバーしたが、大井氏の発言はすべて自分で日本語と英語にしていた。出産後もますます活躍するグローバルな日本人女性として大いに応援したい。

そういえば、脳科学者の茂木健一郎氏が「プラン・インターナショナル・ジャパン」のインタビュー（『プラン・ニュース』2016 Spring No. 101）で、「自分の壁を乗り越える」をテーマに話し、英語での動画投稿を続けているのは、いつかBBCからプレゼンターにとの声がかかるのを狙っているためと半分本気で言っていた。ひょっとして大井さんのことが念頭にあるのかもしれない。

ここに挙げた人たちは、私が、たまたま見聞きする機会があって、自分の勝手な主観でcoolと思った人たちなので、他にも、国際社会に通じる英語の達人は多数いることと思う。また、他方で、英語が出来たからといって、その人が優秀であることにはならないし、必要のない人まで、英語、英語と追い立てられる風潮もどうかなとも思っている。が、専門性を武器に、国際社会で活躍するこうした日本人に目を向けると、やはり誇らしく、みんな、素的でカッコイイ！

英語のワンポイント・レッスン

Web動画でCool Japanese（カッコイイ日本人）を追おう！

YouTubeなどWeb上の動画のおかげで、いろいろなスピーチが英語で聞けます。今回の話に登場した人物について、検索のキーワードを紹介しておきます。

本田圭佑選手：ACミラン入団記者会見。日本語訳がかぶさっているので、少々聞きにくいですが、サムライのところは、I never meet a Samurai. と言っています。

平井一夫氏：The 2013 Sony Press Conference at IFA, Berlin. 英語が堪能なので、外国メディアからの取材も多いようです。

山中伸弥氏：2012 Nobel Lectures in Physiology or Medicine. 先生の講演は50分目くらいから始まります。なぜ笑っているのか、チャレンジしてみると楽しいですよ。

黒田東彦氏：Haruhiko KURODA YouTube. 世界政策会議のインタビューを教材にしました。インタビューはその場の即応性が求められるので、応対ぶりが勉強になります。

リチャード・カッツ氏：Richard Katz: Year Three of “Abenomics”: Wither the Third Arrow? カッツ氏は他にも日本でよく講演をしています。

大井真理子氏：Mariko Oi YouTube. ニュース素材をレポートしたり、読み上げたりしているものが、いろいろと出ています。英語がとてもクリアです。

コミュニケーションにおける論理と感情

論理展開における英語と日本語の違い

よく伝わるコミュニケーションとは何かと聞かれることがある。コミュニケーションは双方向のものなので、聞き方も大切であり、表情や視線、身振り手振り、声の抑揚なども、豊かなコミュニケーションの大切な要素になる。最近では「傾聴《けいちょう》」、「聞く力」といった言葉も出てきて、聞くことの重要性が説かれている。

こうした中で、通訳者としての経験から、日本語と英語間の能動的コミュニケーションであるスピーチを中心に、何が説得力があってよく伝わるコミュニケーションかということについて考えてみたい。一言でいうと、どちらの言語でも、明快な論理と素直な感情が融合していることがポイントだと考える。両者のバランスが重要で、どちらが欠けても、説得力のあるコミュニケーションにはならない。別の言い方をすると、そういう話は実に通訳しやすい。

よく指摘されるように、英語は結論を先に言って、その後に because（なぜなら）などと言って理由を説明していく。yes（イエス）か no（ノー）かを最初に示し、その後に考えを述べる。自分の立場をまず前面に押し出して、相手に入ってこさせないスペースを自分の前に作って、主張していくようなイメージがある。途中で相手が割り込んできても、自分はまだ終わっていないと言って、相手を押し戻し、自分の場を確保しながら論を展開していく。

日本人はこれが苦手だ。自分の立場を最初に言ってしまうと、対立軸がはっきりしすぎて後で険悪になるのではないかと恐れるのだ。そのため、日本人は、話しながら、相手が自分の言いたいことや立場を忖度《そんたく》してくれないかと願っている。その気持ちが強くなると、もともと日本語では文末に結論がくるにもかかわらず、さらに語尾を濁したり、声を呑んだりして、もごもごさせてしまうのである。

日本語は屁理屈を嫌う

また、日本人は、主義主張や意見を論理的に主張するのを、うっとうしいと感じる傾向がある。屁理屈という言葉がそれを象徴している。そのため、理屈を正しいと思っている欧米圏の人に向け、屁理屈という言葉のニュアンスを伝える英語を探すのは難しい。アメリカ人の友人に説明しようとして、「日本人は、あまりにも合理的すぎる理由づけは、〝難癖、あら探し〟と言って嫌う」と言ったが、うまく伝わらなかった。「合理的な理由づけ」はあくまでも正しいもののようだ。2、3回やりとりをしてようやく、「日本人は議論のための議論を好まない。あまりにも自己主張が強いように思うから」と言ったら、理解してもらえた。

そもそもの前提として、理屈を正しいと思っている人たちと、どこか面倒くさいことをごたごた並べていると感じる私たち日本人との間では、ギャップがある。そのためか、いわゆる欧米人と議論を続けていると、日本人は根気を失いがちだ。欧米の人たちは have the last word（決定的な発言をする、とどめの発言をする）をもって論戦で勝ったと考えるが、日本人はそう考えない。ま、いいかとなりがちである。交渉の通訳をしていて、日本側の主張のほうが個人的には正しいと思えるのに、いつの間にか、理屈で追い込まれていく場面に出会うことがある。これは「言葉による説得」で鍛え抜かれた文化とそうでない文化の違いゆえかと思うが、このあたりは、国際的な交渉が一段と増えるなかで、日本人が補強していくべき点であろう。相手の理屈には理屈で押し返す、相手の論理の弱点を言葉で突くといった訓練が必要で、これを屁理屈には陥らずに、やんわりと鋭くやるのが、日本流ということになるのではないかと思う。

場をとりもつ言葉

さらに、日本語には、あまり理屈っぽくない他の特徴もある。会話に、場をとりもつ言葉や婉曲表現など直接的には意味のない言葉が入り、場の融和材、緩衝材となる。

話のはじめに、「このようなお高いところから失礼します」などと前置きするのも単なる決まり文句に見えて、実は「自分は偉くありませんよ」と言って、会場の雰囲気を和やかにする融和材ともいえよう。

また、日本人は語尾を断定するのも好まない。「~と思われる、~ではないかと思いまして、~という所存でございますが、お差し支えなければ、みなさまのお考えを伺いたいと思いまして」などと、いくらでも長くできる。語尾を濁すのに通じる特徴でもある。こういう言葉を口にしている間に、理解のための雰囲気が醸成される。通訳をする場合は、結局何が言いたいのだということになりかねないが、だからと言って、こういう表現が全く入っていない日本語は、日本語らしくなく、結局は伝達力も薄れるので一概に否定できない。

英語の論理

それでは、英語の論理とは、具体的にどのようなものなのか。アメリカの高校では、active communication（アクティブ・コミュニケーション）という授業があって、スピーチ（speech）の仕方を勉強する。与えられたテーマについて、impromptu（即興）で2、3分のスピーチをする。大抵は、まず何を言うか表明して、次に説明や理由を3つ挙げるといったパターンを取る。こういう訓練を通じてスピーチの技や規則を学んでいくが、これはアメリカ社会がいかに説得力のある話し方を重視しているかを示すものでもあろう。

このパターンに沿った代表的なスピーチの例は、アップル（Apple）の創設者スティーブ・ジョブズ（Steve Jobs）氏のスタンフォード大学卒業式の式辞である。ジョブズ氏は、生前からプレゼンテーションのうまさでも定評があり、訃報が届くと、その天才ぶりを惜しむ声が世界中から涌き起こった。

ジョブズ氏は、このスピーチで、自分の人生における3つの重要な出来事について触れ、スタンフォードの卒業生を鼓舞する。自分は生まれる前にすでに養子に行くことが決まっていたが、それが遠因で大学を中退した。が、今思うとこれは人生最大のいい決断だった。

次にアップルを創設して大成功したのに、自分が作った会社から追い出されてしまう。

でも、この時に自分が本当にやりたいことを確認でき、また別の会社を興して、結局はアップルに復帰。愛する妻と結婚する。アップルを追い出されたことは人生最大の試練だったが、最善の出来事だったという。そして、最後に死について語る。すい臓がんに罹るが奇跡的に手術で助かる。これらのことから、若い人たちに自分が本当に好きなことを見つけよと語り、人はすぐに老いるので無駄な時間を過ごす暇などない、"Stay Hungry, Stay Foolish."（貪欲であれ、愚直であれ）と説き、14分くらいのスピーチを終える。

短いスピーチの中に、収めるべき要素がすべて無駄なく網羅されていて、それが論理的に組み立てられ、奥深い人生観が語られる。実に見事である。多くの人が絶賛するように、スピーチの模範といえるだろう。

英語のユーモア

また、英語のスピーチに必ず含まれているものにユーモアやジョークがある。ジョブズ氏のスピーチにもあるが、これは日本語の場をとりもつ言葉に相当するものだと考える。これがつなぎとなって、場が和み、和が生まれるからだ。

ホワイトハウスの年次記者晩餐会（White House Correspondents Dinner）での大統領のジョーク・スピーチもユーモアのよき例である。毎年恒例のこの晩餐会では、大統領が自虐や皮肉や反論のジョークを連発し、会場を沸かせる。いわば、こういう形で、報道陣をねぎらうのである。

たとえば、共和党のジョージ・W・ブッシュ大統領のときの副大統領について、オバマ大統領は次のように語った（2015年）。「2、3週間前、ディック・チェイニー（Dick Cheney）（元副大統領）が、私のことを自分の人生で会った最悪の大統領だと言いました。これって、面白いですよね。私も、ディック・チェイニーは私の人生で会った最悪の大統領だって思っていますから。偶然ですね（筆者訳）」。チェイニー氏は副大統領なので、ここはおだてる意味もあってか大統領と言っている。オバマ大統領はこれをにこりともせず、やる。全くアメリカの大統領というのはコメディアンの資質まで求められているかのようだ。

日本語での訓練が必要

このように日本語の論理・英語の論理を見ていくと、日本語は曖昧で、論理的ではないとの主張に私が与《くみ》するかのように思われるかもしれないが、断じてそうではない。文化的な手続きが違うだけのことで、明快な論理の積み重ねは、日本語でもやはり説得力があり、心地よく、豊かなコミュニケーションを支える。ただ、日本語には、ジョブズ氏のスピーチに見るような、論理の組み立て方に一定のパターンがあるとはいえないので、日本語の特性や文化的特性を理解したうえで、独自に論理を組み立てることが必要である。それが言葉の力になり、ひいては英語でのコミュニケーション力にもつながる。

もちろん、日本語にも、古くから「起承転結」という論理の展開の型があって、学校でも習うが、これを自分の文章にどうあてはめていくかという実践訓練については、十分になされていないのではないか。今後は、こうした訓練を強化していく必要があろう。母国語で論理が展開できないのに、英語でできるなんてことは決してないからである。

感情表現について

次に、説得力がある話のもう一方の柱である感情について考えてみたい。日本人は、感情表現がへただと言われている。最近では、大分変わってきたとはいえ、日本には人前で喜怒哀楽を表現するのが、なんとなく恥ずかしいと思う文化がある。そのため、外国の首脳カップルが手をつないで飛行機のタラップから降りて来るのをまねて、日本の首相カップルも同じことをすると、どことなく無理しているように感じなくもない。

また、英語の会話で、相手に賛同する時に、Absolutely.（全くその通りです）と勢いよく反応することは知っていても、日本人は、かなりの英語の使い手でも、なかなか感情をこめてAbsolutely.とは返せない。

しかし、だからといって、日本人の言葉が感情を伴わなくて伝わらないかというと、もちろん、そんなことはない。人はさまざまな感情をもって生きているので、口にした言葉に正直な感情が乗っているかどうかでメッセージの伝達力が違う。これは、ただ感情を露わにするのとは違う。言葉と感情が素直に結びつくとき、言葉には魂が宿り、コミュニケーションが格段に生き生きとしてくる。「感情表現」が豊かであるとは、そういうことで、これは日本語も英語も関係なく、言葉の違いを超えた真実であろう。

スポーツニュース

感情が乗った言葉が伝わる例として、スポーツニュースを挙げたい。放送通訳の仕事では、政治・経済だけでなくスポーツニュースも扱う。スポーツニュースは、競技内容や選手の名前が多岐にわたるので、苦手意識を持つ通訳者も多く、私もそのひとりである。

だが、スポーツは勝敗がはっきりしているので、試合後のインタビューなどでは監督や選手の気持ちがよく分かる。すると彼らの気持ちが乗り移ってきて、自然に通訳者の日本語訳や声に出ることがあるようなのだ。手前味噌になるが、私が担当したスポーツ・インタビューで「気持ちがよく伝わってきた」という視聴者の反応が放送局に届いたことがあり、大変驚いたことがあった。

サッカーなどでも分かるように、外国のスポーツ選手や監督は、英語が母国語でない人も多いので、その人たちの声が日本の視聴者に届くまでには、その人たちの母国語→英語→放送媒体→通訳者→日本語訳という幾つもの壁を乗り越えなくてはならない。それでも思いや感情は伝わる。そういうことを確認させてくれる、ありがたいエピソードだった。

山中伸弥教授の言葉の力

以上、何が伝わるコミュニケーションかについて論じてみた。最後に、論理と感情が融合している思われる、日本人の英語のスピーチの理想をひとつ紹介したい。185ページでも紹介した、iPS細胞の山中伸弥教授によるノーベル生理学・医学賞の受賞記念講演である。山中先生は、冒頭に、ノーベル賞発表の前日に、京都の国際学会で、賞の選考にあたったカロリンスカ研究所のワルベリー・ヘンリクソン（Harriet Wallberg-Henriksson）所長が「私にウィンクしたような気がした」と明かし、「その時は本当にウィンクしたかどうか自信が持てなかったが、今は確信している」と言って、会場を笑いの渦に巻きこんだ。続いて「ガードン（John Bertrand Gurdon）博士と共同受賞できて光栄だ」と述べ、自身と研究については、科学者としての初期の時代、iPS細胞につながる自身と他の研究者の研究、iPS細胞の可能性の3点から語った。この講演が、なぜ論理と感情の融合の理想と考えられるかについては、講演を見れば明らかである。メッセージが明確で、言葉に心がある。

流暢さというなら、英語の流暢な方は他にもいるだろうが、日本人らしさを残しつつ、世界にアピールする素晴らしいスピーチである。スタンディング・オベーションを受け、世界中のマスコミで話題になったのも当然である。

また、山中先生はスピーチのうまさでも知られているが、私はこの講演を見て、山中先生が科学の力とともに、言葉の力も信じているように思えた。その業績とともに、こういう表現力とコミュニケーション力が英語教育の成果として体得できたらと心から思った。

英語のワンポイント・レッスン

屁理屈とユーモア

友人に屁理屈を説明した時の英語：

Japanese people dislike "too rational reasoning", calling it "quibbles". Japanese people dislike argument for argument's sake, thinking it sounds too opinionated.

ホワイトハウス晩餐会の引用：

A few weeks ago, Dick Cheney said he thinks I am the worst president of his lifetime, which is interesting, because I think Dick Cheney is the worst president of my lifetime. Quite a coincidence.

誤訳のメッセージ性と真実

「政治的場面」で起きた誤訳

異なる言語をつなぐ通訳・翻訳には、古今東西、誤訳がつきものである。記録に残る翻訳はもちろんのこと、本来、一過性の音として消えてしまうはずの通訳でも、最近は録音され、記録として残される場合が多いため、後から「間違い」が見つかることがある。他人の誤訳を見つけると「鬼の首を取った」ような感じがあって、誤訳を扱った本などは、それ自体は教養・教育のためでも、発見者に若干の高揚感があるように感じられることが多い。

それはともかく、一口に誤訳といっても、なぜ「誤った」とされる訳語を選択したのかを見てみると、必ずしも単純に誤りとは言えないものがある。深謀遠慮《しんぼうえんりょ》の末に選び抜いた言葉であることもあれば、一定の政治的意図をもって選ばれた言葉であることもある。表面的には「誤り」でも、直観的には真実をとらえていることもある。そこで、政治的に重要な場面で起きた「誤訳」を中心にいくつか例をあげ、誤訳のメッセージ性、ある種の真実性について考えてみたい。

国連安全保障理事会は、1945年の発足以来、安全保障に関する世界の諸問題について数多くの決議を採択してきた（2016年4月時点で2282の決議案が採択されている）。この中で、翻訳上、意図的に「誤訳」したとされる著名な例が、第3次中東戦争（別名「6日間戦争」）後の1967年11月22日に採択された安保理決議242号である。中東問題は、最早、日本にとっても遠い国の出来事ではなくなっているが、この決議にまつわる「誤訳」は日本語が介在しないため、日本ではあまり知られていないようなので紹介したい。

第3次中東戦争は、アラブ諸国とイスラエルの戦争で1967年6月5日に始まり6日間で終わった。イスラエルはたった6日間で、エジプトのシナイ半島、シリアのゴラン高原、ヨルダン川西岸を占領してしまった。242号は、占領地からのイスラエル軍の撤退や難民問題の解決などを骨子とした戦後処理のための決議だった。だが、問題は「イスラエル軍の撤退」の文言にあった。フランス語文には定冠詞（des = de〔from〕+ les〔the〕）が入っているので、「全」占領地からの撤退という意味になるが、英文には定冠詞がないので「一部」から撤退すればいいことになる。定冠詞があるかないかで、内容が全く異なる。

なぜこうなったのか。安保理は戦後処理のために何としても決議をまとめる必要があった。だが、当然のことながらアラブもイスラエルも一歩も引かない。窮したイギリス代表のキャラドン卿（Baron Caradon）が、両陣営に決議を受け入れさせるため、安保理の作業言語（working language）である英語とフランス語（公用語にはアラビア語、ロシア語、スペイン語、中国語も含まれるが、作業言語ではない）の表現を食い違わせることにしたと言われている。各国代表もこれに「気づかず」、暗黙の了解によって採択されたのである。

キャラドン卿の外交手腕には脱帽するが、その結果、アラブとイスラエルの主張は食い違ったまま今日に至っている。すなわち問題は解決されていない。それどころか、中東情勢は全体に混迷を深め、２０

イスラエルの撤退：withdrawal of Israeli armed forces

この部分の英文 i ）、フランス語文 ii ）、さらに、ii ）の英訳 iii ）は以下のようになります。

i ） withdrawal of Israeli armed forces from territories occupied … ”

ii ） retrait des forces armées israéliennes des territoires occupés …”

iii ） withdrawal … from <u>the</u> territories occupied

（下線は筆者）

フランス語の定冠詞（des = de [from] + les [the]）が大きな意味を持っています。

11年にアラブの春で希望が見えたのも束の間、2015年11月にはイスラム過激派IS（イスラム国）によるパリ同時テロ、2016年3月にはブリュッセル連続テロが発生するなど、全世界が苦慮する事態に陥っている。

キャラドン卿の画策は成功したと言えるのかどうか、答えは難しい。が、この「誤訳」は、アラブとイスラエルの現実のありようと矛盾を如実に示すものであったことは間違いない。

日中国交正常化におけるディスコミュニケーション

1972年9月25日、中国の周恩来首相が、日中国交正常化のため、日本の田中角栄首相を北京の人民大会堂に招待し、晩餐会を開いた。戦後27年がたっていた。田中首相はこの席上、「過去数十年にわたって、わが国が中国国民に多大のご迷惑をおかけしたことについて、私は改めて深い反省の念を表明する」と述べた。だが、周首相を始めとする中国側の列席者は、「日本はやはり反省していない。正しい歴史認識をしていない」と受け取ったのだった。原因は「迷惑」の訳語にあった。

翌朝の会談で、周首相は田中首相に「『中国人民に迷惑（添了麻煩）をかけた』との言葉は中国人の反感をよぶ。中国では添了麻煩（迷惑）は小さなことにしか使われない」と述べた。「麻煩」は、服に水がかかってしまった時に謝る程度の軽い言葉で、真剣に謝る時には使わないという。これに対して、田中首相は「日本語で迷惑をかけたとは誠心誠意謝罪する意味であり、今後は同じ過ちを繰り返さない、どうか許してほしいという意味である。適当な語彙があれば、あなたがたの習慣にしたがって改めてもよい」と弁明。とりあえずは事なきを得たという。

だが、この問題は示唆的である。

外国語で自分の意思を伝えるには、相手国の文化・風習・歴史を認識している必要がある。それでも、異文化間のことなので、相手のことを100%知ることは難しく、この時は「迷惑」に対する訳語を考えた日本の外務省が誤訳してしまったのかもしれない。だが、実は外務省は確信犯で、「麻煩」が軽めの謝罪であることを十分に承知していたとも言われる。「謝れば、全面的にこちらが悪いことを認めたことになり、相手の要求を全て受け入れなければならなくなる」からである。誤訳を装い、真意を忍ばせた可能性があるというのだ。その結果、中国研究家の矢吹晋氏によれば、「日本はいつまでも謝罪を求められ続けることになった」。

一方、「迷惑をかけた」という表現を考えてみると、日本人が謝罪する際の最も一般的かつ的確な表現で、日本人の心性に深く組み込まれた言葉ではないかと思う。確かに、

「迷惑をかけた」は「謝罪」に含まれるような峻厳さもないし、責任を取ることを意味するわけではないが、だからといって謝る気持ちが弱いわけではない。

というのも、「迷惑をかけない」は日本人が共有する価値観であり、その基本原則を破る「迷惑」行為は、許されないこととして誰もが認めるものだからだ。決して軽くはない。

だが、この言葉は、たとえていうと、よろず良きようにと願う万能の挨拶語の「よろしくお願いします」に通じるような、あまりの汎用性と日常性ゆえに、改まって謝罪を伝えるには不十分となるかもしれない。日本人は、企業や政治家の不祥事の幕引きの時に、おしなべて「ご迷惑をおかけしました」と言って頭を下げる。最近はこのパターンが定着した感があって、同じ日本人から見ても物足りなく、うんざり感もあるが、他にどういう言葉があるかというと、やはりこれしかないようにも思える。いずれにしろ、この延長線上で対外交渉の重大な局面で「迷惑をかけた」を使うと、相手が納得しない可能性がある。

もし「迷惑をかけた」を使うなら、田中首相が説明したような敷衍《ふえん》した表現が最初から必要である。これが最初になかったことで、日中国交正常化という歴史的な局面で、戦前・戦中に対する明確な反省を伝え得なかったのは、大変残念なことだった。

謝罪文の中国語訳：我国給中国国民添了很大的麻煩、我対此再次表示深切的反省之意

「不沈空母」発言の真相

中曽根康弘元首相の「不沈空母」発言事件は、日米外交と通訳について語る際に、触れずにはおかれないエピソードである。1983年1月、レーガン（Ronald Reagan）大統領との首脳会談のため訪米した中曽根首相が、ワシントン・ポスト紙の社主らとの朝食会で、ソ連の爆撃機の進出を防ぐため日本列島を「不沈空母」にすると発言したという。しかし、同席した日本政府の担当者は、同行記者団への説明で「不沈空母」には触れなかった。ところが、翌日付のポスト紙に「不沈空母」発言が取り上げられ、大騒ぎとなった。「そうした発言はなかった」、「いやあった、テープに取ってある」云々。日本政府の説明も二転三転した。真相は、中曽根首相が「大きな航空母艦」といったのを、同時通訳の第一人者である村松増美氏が、発言の意をくんで unsinkable aircraft carrier（不沈空母）と訳し、ポスト紙の記者が、この訳語に基づき報道したのだった。一時は誤訳事件とされた。

私は、1989年に株式会社サイマル・インターナショナル（会長は村松増美氏）に入社し、翻訳の仕事を始めていた。「不沈空母」については、当時も社員の間で話題になることがあった。いろいろなエピソードを気軽に語る村松氏も、この件については一言も発しなかった。サイマルと外務省の関係も厳しくなっているなどという噂話も飛び出していた。個人的には、通訳行為の即応的な性質上、後追いの批判は厳しすぎる、第一人者をおいて一体誰があのような重要の通訳を担えるというのかと思った。一方で、通訳は、問題が発生した時の緩衝材（buffer）に使われることを認識させられた。

ところが後年、中曽根氏は『自省録』（新潮社）で「不沈空母発言の〝真相〟」として、「安全保障をめぐり、日米関係は極度に悪化していましたから、意図的なショック療法が必要でした。百万語を費やすよりも不沈空母の一言が、即座にてきめんに効いたのです」と述懐している。中曽根氏の〝使命〟は、防衛力の増強を強く求めるアメリカに対し、日本の忠誠心を示すことだったと見られるが、意訳とそのストレートな報道によって、それが伝わったことになる。あれは誤訳どころか「名訳」だった。

TPPをめぐる「最後通牒」

最近の例では、2015年11月18日、朝日新聞の『（けいざい深話）検証TPP① 米へ、いきなり「最後通牒」』が興味深い。環太平洋経済連携協定（TPP）の交渉は、2010年3月にアメリカ主導で本格化したが、日本が交渉に参加したのは2013年7月からで、2015年10月に合意したものの、交渉は当初から難航した。

日本の甘利明TPP担当相（当時）は、2013年12月に、アジア歴訪で日本に立ち寄った、アメリカ通商代表部（USTR）のフロマン（Michael Froman）代表を都内の高級料亭に招いた。甘利氏は、関税撤廃にこだわるフロマン代表に、農家の反発が強いため、コメや牛肉などの関税は撤廃できないことを強調し、「ここからは1センチも譲れない。最終的な回答だ」と言い切った。語気の強さに押されたのか、通訳がこれを「ultimatum（最後通牒）」と訳してしまったという。

いらだちを募らせていたフロマン代表は「同盟国に対し

英語のワンポイント・レッスン

難しい外交用語

最後通牒：ultimatum

オクスフォードとランダムハウスでは以下のように定義されています。

i）A final demand or statement of terms, the rejection of which will result in retaliation or a breakdown in relations.
（条件に関する最終要求・声明。拒否は報復か関係の決裂となる）
（筆者訳）
（The New Oxford Dictionary of English）

ii）A final, uncompromising demand or set of terms issued by a party to a dispute. The rejection of which may lead to a severance of relations or to the use of force.
（論争事項に対する最終的かつ妥協なき要求・一連の条件。拒否すれば、関係の決裂か武力行使にいたることもある）
（筆者訳）
（Random House Unabridged Dictionary Second edition）

て最後通牒とは何事だ」と激怒。食事を取ることもなく席を立ってしまった。こうして、日米交渉は「ドン底」から始まったというのだ。

ultimatum（最後通牒）とは、相手が受け入れなければ交渉を打ち切る意思を意味する。このように外交上の定義が明確なものは、使用には細心の注意が必要である。同じ通訳者として、訳し過ぎてしまった通訳には同情してしまうが、重要な会談を任されるような人なら、ultimatum の重みを知っていて当然と言われても仕方ないかもしれない。また、席を立ったフロマン代表を捕まえるべく、その後、なぜ言葉を費やさなかったのだろうかとの疑問も湧く。

しかし、一方で、日本の立場は、国内的には ultimatum と言っても過言ではなかったことも事実だろう。この言葉のおかげで、コメに対する関税撤廃を免れたわけではないだろうが、この言葉が日本の立場のある種の真実を伝えたことは間違いない。メッセージ性はあった。

翻訳ひとつで飛躍した佐村河内氏

最後は、政治の場で発生したのではない誤訳を取り上げたい。2014年のソチ・オリンピック直前に、フィギュア・スケートの高橋大輔選手のショートプログラムの楽曲「ヴァイオリンのためのソナチネ」が、両耳が聞こえないとされていた佐村河内守氏の作品ではなく、実はゴーストライターの新垣隆氏が作曲したものであることが明らかになった。ノンフィクションライターの神山典士氏が新垣氏への独占インタビュー記事を公表し、話題になった。

これに関連して、アメリカの雑誌TIME（2001年9月15日号）に掲載された佐村河内氏へのインタビュー記事も問題になった。記事を書いたのはティム・ラリマー（Tim Larimer）記者で、「（ゲーム『鬼武者』の）作曲家・佐村河内氏は、作曲家にとって最も重要な感覚の喪失を乗り越えた、耳の聞こえない作曲家――デジタル時代のベートーヴェン――、というストーリーが感動的なアピールになることを理解している（筆者訳）」と書いた。

ラリマー記者は、佐村河内氏がゲームコンテンツ音楽の作曲家だから、そのまま「デジタル時代のベートーヴェン」と書いたのだが、それがいつからか「現代のベートーヴェン」となった。2013年3月に放送された『NHKスペシャル』も「現代のベートーヴェン」として紹介している。どうやら、障害のドラマ性を分かっていた本人が、「現代の」と訳すことを思いついたらしいが、神山氏の指摘のとおり、「デジタル時代」と「現代」では、ずいぶんと意味と領域が異なる。佐村河内氏は、「デジタル（＝ゲーム界）という狭い世界のベートーヴェンから、現代（つまり普遍）のベートーヴェンに翻訳ひとつで飛躍した」のである。

もしも佐村河内氏が意図的に誤訳したとしたら、そのセンスの高さは逆に驚嘆するが、敢えてもう一歩踏み込んで考えてみると、何の前提もなく「デジタル時代の……」と聞いて、一体どれくらいの人がゲーム界を連想できるだろうかとも思う。デジタルという言葉は、まだ意味が特定されるほどの市民権を得てはいないだろう。つまり、この言葉から連想されるイメージは、人によって異なり、何を意味するかは不明なのではないか。その点、「現代の」が意味するところは明確である。だから、こちらのほうが広がったのではないか。最終的には、佐村河内氏は「偽ベートーヴェン」だったようだが、もし彼が障害を負いながら、すべての曲を自分で作曲して

記事のタイトル：

Mamuro Samuragouchi*（佐村河内守）：

Songs of Silence（沈黙の音楽）

Video-game music maestro Samuragoch* can't hear his own work（スペルは原文のまま）

（ビデオゲーム音楽の巨匠・佐村河内は自分の作品を聞くことができない、筆者訳）

記事の引用部分：

He understands the inspirational appeal of the story of a digital-age Beethoven, a deaf composer who overcomes the loss of the sense most vital to his work.

いたならば、「現代の……」は、「デジタル時代の……」よりも、そのメッセージ性において「名訳」といえたかもしれない。

理解の橋渡しが使命

5つの事例から、誤訳のメッセージ性、真実性を探ってみた。それぞれに、誤訳を成立させるような背景や意図があることがうかがえる。ここには、一体何をもって、正訳とするか、誤訳とするのかという根本的な問題がからむ。そもそも訳をするとは、どういうことなのだろうか。訳出方法には、逐語訳、直訳、意訳、自由訳という4つのパターンがあるが、現実にはこれらが交差して訳出されている。翻訳は書かれた文書を扱うので、ひとつの方法に従って訳をし、文体を決めていくことが、かなりのレベルで可能である。読みにくい訳語であっても、できるだけ翻訳者の解釈を排し、原文の中身と香りを伝えることを主眼とするものもある。学生時代に読んだ本にはこういうものがかなりあった。独特の味わいがあるものもあり、その難解さが崇高なありがたいもののように思えたこともある。

一方、通訳は何が言いたいかを伝えることを目的とする、即応性の高い言語変換である。そのため、多くの場合、意訳を中心に直訳と自由訳を交えながら訳すことになる。いずれにしろ、どの観点からとらえるかによって、翻訳でも通訳でも適訳か誤訳か判断が分かれよう。

実際に通訳をしてきた者としては、他の通訳者や翻訳者がさまざまな制約の中で訳出したものを、後から批判するのはフェアではないと感じることがある。が、「誤訳」の指摘によって、陥りがちな解釈ミスや文化の違い、政治的背景などが明らかになり、通訳・翻訳の質の向上につながることは間違ない。批判は甘受されるべきであろう。

誤訳に潜む一種のメッセージ性、真実性ゆえに、誤った言葉がひとり歩きしてしまう点には留意しつつ、より正確な訳をして、理解の橋渡しをしていくことが、通訳および翻訳の使命なのだから。

英語のワンポイント・レッスン

訳出方法

逐語訳：word-for-word translation　原文（起点テクスト）にある語を単位として、1語ずつ順に訳していく方法。単語を単位として、文章の形式をかえずに、目標とする言語でも再現を試みる方法です。

直訳：literal translation　目標言語においても、起点テクストに忠実な再現を目指しますが、1語ずつ語順を再現する逐語訳よりも、ゆるやかな訳出方法です。

意訳（＝意味対応訳）：sense-for-sense translation　形ではなく内容、つまり文章で表された意味が、起点・目標言語の間で対応するように訳す方法のことです。内容の等価性が重視されます。

自由訳：free translation　意訳より、さらに意味する範囲が広く、原文に縛られない訳出方法です。

（『よくわかる翻訳通訳学』「訳出方法のいろいろ」より）

オバマ大統領にオマージュ

通訳しながら感動

「71年前、雲一つない晴れ渡った朝に、死が空から降ってきて、世界が一変しました」。この〝美しい〟詩のような一文で始まるオバマ大統領の広島演説は、その厳かな表情とともに、多くの日本人の心に刻まれた。

２０１６年５月27日、オバマ氏は現職のアメリカ大統領として初めて、原爆が投下された広島を訪問した。私は、この日、ＢＢＣワールドニュースで氏の演説を同時通訳した。breaking news（速報）として入ってきた映像は、オバマ氏が安倍晋三首相と並んで平和記念公園を歩くところから始まり、原爆慰霊碑への献花、演説と続いた。

無音のなか、原爆ドームと慰霊碑を背に、オバマ大統領はゆっくりと嚙みしめるように語り始めた。だが、通訳者としては、最初の一文を聞いただけで、この後の難解さが予感された。言葉は平明であるが、「71年」と「前」の間に微妙なポーズがある。「死が降ってきた」という時の死（death）も、想定しにくい主語である。これに続く「閃光《せんこう》と火の壁がひとつの都市を破壊し、人類が自らを滅ぼす手段を手にしたことを示しました」も、原爆の光景から一気に核心的なメッセージに移行する。通訳するのでなければ難なく理解できることでも、同通で追うには方向性がつかみにくく、言葉の迷路に引き込まれるかのようだった。

再三にわたり、謝罪のない短い声明になると言われていたので、米国内の世論に配慮した、淡々とした〝ビジネス・ライク〟な語りを想像していた。そこへ、突然、詩的な言葉が「降ってきて」、これが最後まで続いたのである。通訳パートナーと交替で訳したスピーチは、17分と予想を覆す長いもので、格調高く、文学的で、理念があった。しかも魂が込められていた。訳していて感動した。でも、練りに練った、文学的な書き言葉を同通することは大変に難しい。言葉の密度が濃くて、無駄がなく、語の組み合わせや展開が独自のものとなるからだ。

そう感じたところをもうひとつ挙げる。「私の国のような核保有国は、恐怖の論理から脱する勇気を持ち、核兵器のない世界を追求しなければなりません」。「恐怖の論理から脱する勇気」とは？　分かったような、分からないような。冷静になった後には、「恐怖から生まれる核の抑止への依存を断つ勇気」を意味することは分かる。が、あの場では言葉は転換したものの、何を言っているのか理解できなかった。練られた言葉、練り上げられた文章を瞬時に訳出するくらい難しいことはない。

大統領には、もちろんスピーチライターがいて、重要なスピーチはすべて事前に準備されるが、オバマ氏は演説の名手なので、原稿をただ読みあげるような感じはなく、必ず聴衆に向かって語りかけていく。これが話し言葉的な雰囲気を作り出し、一種の間合いが生まれ、通訳が追いつくチャンスが与えられる。

今回も、オバマ氏は心から語りかけていたが、練り上げられた文体は、ちょっとした間合いくらいではついていけないところがあった。演説から数日後、スピーチライターのローズ（Ben Rhodes）大統領副補佐官が、演説原稿の一部をブログに掲載し、オバマ氏が自ら何度も推敲したことを明らかにした。細かい言葉づかいまで手を入れた様子がうかがえ、やはりそうだったのかと得心した。

一方で、オバマ氏の広島訪問を美談に済ませてはならないという批判も出た。まず謝罪がない。オバマ氏は核兵器の廃絶を訴えながら、皮肉にも核兵器の発射ボタンの入ったかばんを広島にも携行していた（核ボタンの入ったかばんは、大統領が一瞬たりとも側から離してはならないものだが）。実際には核軍縮は進むどころか、アメリカ自身、核の強化を続けている。言葉だけで実行が伴っていない。オバマ氏は、広島訪問の前に立ち寄った岩国基地で語ったことについて一言も触れなかった。それに、近隣の中国や韓国からは、日本は侵略者だったのに被害者ぶっていると批判された。

また、アメリカの大統領の広島訪問に71年もかかってしまったのは、日本側にも責任があった。オバマ氏は、2009年のプラハで「核なき世界」を目指す演説をした後、同じ年の訪日時に広島訪問と謝罪を検討していたにもかかわらず、日本の外務省が反核団体が勢いづくとの理由により、「時期尚早」として断ったというのだ。

これで思い出すのは10年ほど前のことだ。厚生労働省の外郭団体が主催する会議に出席したアジアの代表たちが、週末に神戸・広島方面を視察した。複数言語の通訳者も同行し、私もそのひとりだった。日程には原爆関連の施設の訪問は組まれていなかったが、代表たちは、せっかく来たのだから近くの原爆ドームに立ち寄らせてほしいと要望してきた。その結果、正規の日程には組めないが、バスを近くで止めて、数分間の写真タイムを取ることはOKとなった。再び走り出したバスの中で、主催者の対応に感謝しながらも、代表たちから何にそれほど気を遣うのかと訝《いぶか》る声が出た。

演説に込められた使命感

しかし、それらすべてを超えて、オバマ大統領の広島訪問は「よく来てくれた」という歴史的記憶となって、多くの人々の心に残った。

演説そのものは、戦争という愚行をやめられない人間の根源的愚かさを問いつつ、核兵器の廃絶を訴えるもので、ある意味で一般論的語りだったともいえる。しかし、それでも訴えるものがあったのは、オバマ氏が終始、厳粛とも沈痛とも、苦渋ともいえるような奥深い表情をしていたからだろう。「自分が生きている間に核のない世界を作ることはできないかもしれない」との言葉があるように、大統領職にあるひとりの人間としての自省の思いがにじんでいたからではないか。あの姿、あの言葉の発し方に全人格がにじみ出ていた。それが、聴く者に知性や理念を伝えることの大切さを想起させ、言葉の力と重さを感じさせたのである。コミュニケーションとは、つくづく全人格的なものだと思った。

思えば、オバマ大統領とは、この8年間テレビを通じておつき合いさせてもらった。勝手にともに歩んできたような気がする。最初の大きな通訳は、2008年11月の大統領選で当選が決まった直後の勝利演説をBBCワールドニュースで同時通訳したことだった。最初の大統領選では、オバマ氏の「イエス、ウィキャン！ “Yes, we can!”」、「そうだ、できる！」のキャッチ・フレーズが世界中に広がった。あらゆる選挙を通じて、これほど効果的に浸透した選挙フレーズはないのではないかと思う。この言葉で世界が鼓舞された。私は、オバマ氏の1期目の勝利は、オバマ氏の魅力とともに、すべての人を引き込む、この言葉の勝利でもあったと思っている。

しかし、オバマ氏は大統領2期目の当選を果たすものの、共和党主導の議会との攻防に勝ち切れず、国民の間には熱狂の喪失から失望感が広がっていった。その間、大統領も白髪が増えていった。

でも、今回の広島演説には、オバマ氏の信念や使命、並々ならぬ思いがこめられていた。これほど重要な演説の通訳をできたことは本当に幸運なことだった。任期末期を迎えたオバマ氏には、一つの区切り

BBCが好んで引用した箇所：

We are most starkly reminded of humanity's core contradiction; how the very spark that marks us as a species — our thoughts, our imagination, our language, our tool-making, our ability to set ourselves apart from nature and bend it to our will — those very things also give us the capacity for unmatched destruction.

私たちは人間の中核にある矛盾をつきつけられています。私たちを人間という種たらしめているもの―思想や想像力、言語、道具を作る能力、人間を自然から切り離し、自らの意に沿って自然をたわめる能力―が、同時にそれにそぐわない破壊能力をも私たちにもたらすのです。

But today, the children of the city will go through their day in peace.

しかし今日、この街の子どもたちは、日々を平和に過ごしていくでしょう。

として心からオマージュを捧げたいと思う。

退任後は、大統領職のくびきから自由になって、人類の理想のために思う存分活躍していただきたい。オバマ氏は、「イエス、ウィキャン（そうだ、できる）！」と言って、私たちを励まし力づけた人なのだから。

英語のワンポイント・レッスン

オバマ大統領の演説から（筆者訳）

Seventy-one years ago, on a bright, cloudless morning, death fell from the sky and the world was changed. A flash of light and a wall of fire destroyed a city and demonstrated that mankind possessed the means to destroy itself.

71年前、雲一つない晴れ渡った朝に、死が空から降ってきて、世界が一変しました。閃光（せんこう）と火の壁がひとつの都市を破壊し、人類が自らを滅ぼす手段を手にしたことを示しました。

But among those nations like my own that hold nuclear stockpiles, we must have the courage to escape the logic of fear, and pursue a world without them.

しかし、私の国のような核保有国は、恐怖の論理から脱する勇気を持ち、核兵器のない世界を追求しなければなりません。

We may not realize this goal in my lifetime.

私の生きている間に、この目標は実現できないかもしれません。

あとがき――ご案内の旅を終えるにあたって

同時通訳の世界をご案内したつもりだが、一緒に回った方々はどのような感想を持たれたであろうか。これまでも諸先輩が通訳の世界については語っているが、そこに新たな視点が加わっていれば幸いである。

一度は外国に留学したいと思っていたが、社会に出て仕事をする選択をした。しかし、その後も留学の夢が捨てがたく、当初は1年の予定でカナダに語学留学することにした。カナダを選んだのは、英仏バイリンガルの国だったからで、英語圏とフランス語圏を半年ずつ過ごそうと思ったのだ。だが、最初に行った英語圏のバンクーバーに長居をする。バンクーバーが美しくて、楽しくて、フランス語圏のケベックに行くのが億劫になったからだ。でも一番の理由は、半年くらいでは英語ができるようにならなかったからで、結果、本格的に勉強しようと大学院に行くことにした。

私は、それでも、この時、英語が「大体」分かるようになったと思っていた。だが、この「大体」が曲者で、その後ずっと今日に至るまで「大体」が続いている。確かに理解できる量は増えてはいるが、すべてを完璧に分かることはない。

自信を持ちかけては失い、失っては持ちかける。これがどこまで行っても繰り返されるように思える。それでも、去年より今年のほうが少しマシになっているのではないか。こう感じられる限り、通訳をやっていきたいと思っている。

ここ数年、戦後何度目かの英語熱が高まっている。小学校3年生から英語を必修にするという。企業も社内研修による英語力の強化、TOEIC最低得点の義務付け、さらには英語を社内公用語にするところも出てきている。日本が世界の主要プレイヤーとして生きていくかぎり、英語の必要性は待ったなしである。特に、言語社会学の権威である鈴木孝夫・慶応義塾大学名誉教授（『新・武器としてのことば』など）が主張されているように、言葉は国益を左右する。外国語を自在に使える人材は必須だ。

一方、『英語化は愚民化』で、著者の施光恒・九州大学准教授が指摘しているように、一億総英語化は日本語・日本文化の放棄にあたり、日本を三流国にするだけとの指摘もある。ヨーロッパでは、かつて知的言語とされたラテン語（これは今でいう英語に相当するグローバル語）の聖書を土着語のイタリア語、ドイツ語、フランス語、英語などに訳すことによって、一般の人々が知的活動に参加できるようになった。近代国家は自国語による知性の獲得なくしては成立しない。今のグローバル化はこれに逆行する。

どちらも正しい見方であると思う。私は、何よりも母国語の日本語力（思考力や教養も含めて）が圧倒的に重要であると考える。が、それを前提に、英語をはじめ2か国語、3か国語と言語ができるなら、世界観も2倍、3倍となり、個人としても国としても知的豊かさ、広がりが増す。言語習得に関しては、「英語だけで手一杯」のように自分に限界を設けないほうがいい。ただ、残念ながら、言葉は簡単にモノにならない。「聞くだけで話せる」式の奇跡も通常は起きない。でも、すべての人が達人になる必要はないのだから、好きな所から気軽にアプローチすればいいのである。やっていれば必ず分かってくるし、違う言語は新しい世界を開いてくれる。違う自分を表現できるのも喜びである。

もちろん、英語ができるといってもさまざまな形がある。ニュースは聞いてもよく分からないが、ビジネスはできる。逆にニュースは分かるけど、ビジネス交渉はできない。映画は字幕がないと理解できないが、ロックやジャズは好きで分かる。専門分野の学術書は読めるが、子供の英語は分からない。また、言葉は片言でも、外国人の友達ができる人もいる。後から習得すると、こういうふうにバランスが悪い。でも、それでいいのである。

そして、その先にあるのは、ビジネスなどの必要性を満たすだけではない。日本が one of them（多数の中の一つ）に見えて、世界の中の一存在にすぎないことを知り、伸びやかになる。外国語が分かることで世界が広がる、楽しめる。特に、英語は国際的実用語となっているので、いろいろな国の人と語ることができる。人はどこも同じとも思える。主張はすべきだと思うようになる一方、日本人だけが敬語を使うのでもなければ、相手の立場を慮るわけではないことも分かる。変に「日本、日本」と特別視するのでもなければ、「欧米では」などと言ってあちらを崇めるのでもない。そうすると、日本だけでなく世界のことが心配にもなる。これを視野が広がったというのではないだろうか。

私は２０１５年10月から愛知県立大学の英米学科で教鞭を取っている。思ってもない展開だったが、次世代の英語力強化に直接関わることになった。まだ日が浅いので、私の教育観は形成途上にある。学生はみな美しく、その言動には驚くこともあるが、ほのかに手応えも感じている。これについては、もしまた機会があれば、そちらに譲りたい。

なお、本書は、月刊誌『改革者』（政策研究フォーラム２０１３—２０１４年）、雑誌『こころ』（平凡社２０１５年）、ＪＡＣＥＴ（大学英語教育学会）中央支部シンポジウムの口頭発表（２０１５年）、愛知県立大学・高等言語教育研究所『ことばの世界』２０１６年）に掲載されたエッセイや論文に加筆改編したものを含む。

同時通訳について、自身の経験を一冊の本にまとめられたことはとても嬉しい。多くの方々の支援により可能となった。平凡社新書の金澤智之編集長、執筆を後押ししてくださったノンフィクション作家の神山典士氏、拓殖大学の名越健郎教授には、特に心から感謝申し上げたい。そして、ここまで読んでくださった方々にも。さらには高齢となった両親にも。With many thanks（大感謝）！

参考文献・資料

朝日新聞朝刊（『［けいざい深話］検証TPP①米へ、いきなり「最後通牒」』２０１５年11月18日付）
イアン・ブレマー『「Gゼロ」後の世界』北沢格訳、日本経済新聞出版社（２０１２）
エズラ・F・ヴォーゲル『ジャパン・アズ・ナンバーワン』広中和歌子訳、阪急コミュニケーションズ（１９７９）
神山典士『ペテン師と天才——佐村河内事件の全貌』文藝春秋（２０１４）
小松達也『通訳の技術』研究社（２００５）
早良哲夫「翻訳よもやま話（１）」社団法人・日本翻訳連盟機関紙『日本翻訳ジャーナル』１９９１年３月号
鈴木孝夫『日本人はなぜ日本語を愛せないのか』新潮選書（２００６）
鈴木孝夫『新・武器としてのことば』アートデイズ（２００８）
鈴木孝夫『日本の感性が世界を変える』新潮社（２０１４）
施光恒『英語化は愚民化』集英社新書（２０１５）
ドナルド・キーン『日本から世界へ』サイマル出版会（１９９０）
トマ・ピケティ『21世紀の資本論』山形浩生訳、みすず書房（２０１４）
鳥飼玖美子『歴史をかえた誤訳』新潮社（２００４）

鳥飼玖美子『通訳者と戦後日米外交』みすず書房（２００７）
鳥飼玖美子編著『よくわかる翻訳通訳学』ミネルヴァ書房（２０１３）
中曽根康弘『自省録――歴史法廷の被告として』新潮社（２００４）
『プラン・ニュース』プラン・インターナショナル・ジャパン（2016 Spring No. 101）
鳩山由紀夫・孫崎享・植草一秀『「対米従属」という宿痾』飛鳥新社（２０１３）
星野博美『転がる香港に苔は生えない』文春文庫（２００６）
渡辺京二『黒船前夜』洋泉社（２０１０）

The Economist（２０１６年1月16日号）表紙
『通訳者・翻訳者になる本　２０１７』イカロス出版（２０１６）
矢吹晋「田中角栄の迷惑、毛沢東の迷惑、昭和天皇の迷惑」21st China Quarterly　21世紀中国総研（２００４）

【著者】
袖川裕美（そでかわ ひろみ）
同時通訳者。東京外国語大学フランス語学科卒業。ブリティッシュ・コロンビア大学（カナダ）修士課程修了。1994年から4年間、BBCワールドサービス（ロンドン）で放送通訳を務める。帰国後は、NHK・BS、BBCワールドニュース（東京）、CNN、日経CNBCを中心に放送通訳や会議通訳を行なう。2015年から愛知県立大学外国語学部英米学科准教授を務める。

平凡社新書８２２

同時通訳はやめられない

発行日――2016年8月10日　初版第1刷
　　　　　2017年8月26日　初版第2刷

著者――袖川裕美

発行者――下中美都

発行所――株式会社平凡社
　　　　東京都千代田区神田神保町3-29　〒101-0051
　　　　電話　東京（03）3230-6580［編集］
　　　　　　　東京（03）3230-6573［営業］
　　　　振替　00180-0-29639

印刷・製本―株式会社東京印書館

装幀――菊地信義

ISBN978-4-582-85822-8
NDC 分類番号801.7　新書判（17.2cm）　総ページ232
平凡社ホームページ　http://www.heibonsha.co.jp/